アドラー流
子育てベーシックブック

キャサリン・J・ボルス
塚越悦子訳

THOUSANDS OF BOOKS

Redirecting Children's Behavior

by Kathryn J. Kvols

This edition published by arrangement with Susan Schulman Literary Agency
and Chicago Review Press through Japan UNI Agency

まえがき

子どもの存在は、私たちの心の奥底にあるものを呼び起こす力があります。ある瞬間には深い愛情や喜びを感じたかと思えば、次の瞬間にはイライラしたり、自分の未熟さを思い知らされたりすることがあるでしょう。ときには、どうしたらいいのかわからずに頭を抱えてしまうこともあるかもしれません。

この本の狙いは、ふたつあります。まず、家族の関係をより温かくて親密なものにすること。そして、日々子どもと向き合ううえで行き詰まりを感じたときに、子育ての目的を思い出してもらうこと。そのためのさまざまな考え方や手法を紹介しています。

仕事でも家庭でも、「○○をしないと××になってしまうよ」といった、ネガティブな結末を脅しのように使う動機づけの方法は、効果的でないことがよく知られています。

でも、子育てをしていれば、早く家に帰らなければならないときに限って2歳児が車に乗らないと駄々をこねたり、思春期の子どもが正面切ってぶつかってきたりすることがあります。そんなとき、いったいどうしたら子どもを傷つけることなく、冷静に対応しながら、親の価値観に基づいて、教えるべきことを効果的に伝えることができるでしょうか。

切羽詰まったとき、私たちは自分の親にしつけられた方法や、その場で思いついた適当な方法を選びがちです。でも、行き当たりばったりで一貫性のない対応では、思うような効果がありません。

この本で紹介する手法は、私自身が自分の子育てや、サマーキャンプや学校という場での子どもたちとの関り、そして親子コミュニケーションのコースで教えたり、多くの家族をカウンセリングしてきた30年以上の経験に基づいています。その間、子どもと関わる立場にある多くの人々から、子どもを導くことについてのさまざまな困難や懸念について耳にしてきました。

私たちの望みは、社会に出たときに他人と一緒に協力して働くことができ、まわりの人と親密で温かな関係を築くことのできる、責任感のある自立した人を育てることです。

この本で紹介する子育ての手法の神髄《しんずい》は、子どもの気持ちを尊重して、穏やかながら毅然《きぜん》とした態度で接することです。そうすることで、外的な圧力がなくても、自発的に行動を起こす責任感のある子どもに育ちます。

私は、「しつけ」とは子どもを導き、教えていくことだと考えています。そのために必要なのは上下関係ではなく、お互いを尊重する関係です。罰を与えるのではなく、自然な成り行きや論理的な結末という方法を取ることで、子どもは健全な自己肯定感を持って協力する態度が身についていきます。

また、子どものときからウィン・ウィンの関係を築くスキルも教えていきます。そうすることで、親や友だち、教師、コーチ、上司など、人生において関わることになる人との関係で、どうすれば双方の希望が通るかを考える習慣が身につきます。

「親は私の人生をコントロールしたいわけではない」と子どもが感じて、親自身も子どもの希望を尊重したいのだと理解すれば、子どもはより協力的になるでしょう。

家族の関係は、あらゆる人間関係の土台です。家庭の中がもっと穏やかで、それぞれが尊重されるような雰囲気になれば、孤独を感じたり暴力的になったりする人も減り、より協調性のある社会をつくることにつながるでしょう。

この本がその一助になればと願っています。

第1章

セルフケアの大切さ

子どもがうっかりカーペットにジュースをこぼしてしまった。そんなにたいしたことでもないのに、どうしてこんなにイライラしてしまうんだろう？　この前、同じようなことがあったときは、それほどイライラしなかったのに……。

セルフケア※の時間を十分に取る余裕がないと、イライラしたり、うんざりしたり、憂鬱《ゆううつ》になったり、ときには病気になったりします。自分だけの時間が30分でも取れたのは、いつだったでしょうか？

「覚えていない」「そんなことをしている暇はないよ」と答えた人も多いのではないでしょうか。

空の旅が始まる前、キャビンアテンダントは子連れの大人に対して、「非常時には酸素マスクが降りてくるので、まず自分自身に着用してください」と指示します。そのうえで、子どもに酸素マスクを装着させます。

この順番がとても大切です。まず自分自身のケアをすることで、子どもも助けることができるのです。

親はたいてい、自分のニーズより、まず子どもや他人のニーズを優先します。でも、いつもそうしていると、自分のエネルギーは枯渇してしまいます。他の人を気にかける余裕はなくなり、憤りや不満を感じながら子どもの世話をすることになります。ほんの小さなことでキレやすくなってしまうのです。

セルフケアが難しい理由

親が十分なセルフケアをしないのはなぜしょうか?
いくつかの理由が考えられます。

・自分のために時間を使うのはわがままだと言われて育ったから

※十分な休息や睡眠、適度な運動、健康的な食事などの身体面のケアに加えて、趣味や勉強など知的好奇心を満たすような活動、家族や友人との交流など、メンタル面をリラックスさせたり充実させたりするような行動。ひとりで抱え込まず、誰かに相談することも含まれる。

・リラックスしたり、何もせずぼーっとしたりするのは時間の無駄だから
・自分だけのために時間を使うのは贅沢だから
・そんな時間がないから
・セルフケアの方法がわからないから

でも、きちんとセルフケアをすれば、次のようなメリットがあります。

・リフレッシュすれば、子どものためにもっとエネルギーを使える
・子どもが何かやらかしたときに、感情的にならず落ち着いて対応できる
・家族と過ごす時間が楽しみになる
・セルフケアの大切さを、子どもに身をもって示すことができる
・親がセルフケアをする姿を見て育つので、子どもが親になったときに自分もそれを優先できるようになる

親がセルフケアを優先できない理由はさまざまです。無意識の思い込みや、ストレ

スやスケジュール過多といった状況が原因ということも考えられます。いくつかの例について、自分にあてはまるかどうか考えてみてください。

・すぐにイライラしたり、不機嫌になる
・常に焦っていたり、いっぱいいっぱいになったりする
・アクシデントが起こりやすい
・疲れている
・いろいろ抱え込みすぎている
・病気になりやすい
・うつっぽい
・涙もろくなる
・誰か(何か)に対する恨みがある

自分にあてはまるものがあったら、セルフケアが必要です。この章の後半で具体的な方法を紹介します。

燃え尽き症候群

するべきことがたくさんあるのに、まったくやる気が起きないときは、燃え尽き症候群が考えられます。

ネガティブな感情

心配、恐れ、罪悪感、恨み、怒りなどのネガティブな感情は、エネルギーを吸い取り、子どもと心から向き合う余裕を奪ってしまいます。

心配

親はつい、いろいろなことを心配してしまうものです。何か具体的な心配事があったら、解決策を考えて行動しましょう。

タイラーが5歳だったときのことです。ある日、お店を開くために購入した大きな建物の側を車で通りかかりました。その建物はボロボロで、お店のオープニングまでに高額な修理が必要でした。タイラーは私の顔を見て「ママ、どうしたの？」と聞きました。私が浮かない気分でいるとき、タイラーはいつもすぐに気がつくのです。「心配しているの」と言うと、「何が心配なの？」と聞くので、「お金のこと」と答えました。すると、タイラーはたしなめるような口調でこう言ったのです。
「ママ、絶対なんとかなるから大丈夫だよ」

恐れ

失敗を恐れていると、自信を持って行動できなくなります。ルドルフ・ドライカース博士は著書『勇気づけて躾《しつ》ける―子どもを自立させる子育ての原理と方法（原題 Children: The Challenge）』（一光社）の中で示唆に富む言葉を残しています。

親が勇気を持つ必要性は、いくら強調してもしすぎるということはありません。狼狽したり、「私のやっていることはすべて間違いだらけだったんだわ」などと思ったときには、このような挫折の兆候をいち早く自分でキャッチしましょう。（中略）そのためには「不完全であることの勇気」を持つことも必要なのです。（中略）どんな小さな向上も見逃さず、それを発見したら心を落ちつけて、自分にはもっと向上する能力があるのだということを信じてください。

罪悪感

罪悪感をバネに行動を変えることはできません。「失敗してしまった……」という気持ちが将来のミスを防ぐわけではなく、自信をなくすだけです。失敗したことにくよくよするよりも、次に同じ状況になったらどうするかを考えましょう。

母親は娘のサラに、居間で走り回るのはやめなさいと何度も注意しました。サラはかまわずに走り続け、イライラは募るばかり。ついに母親はサラのお尻をたたき、子ども部屋に追いやりました。

気持ちが落ち着いてから、母親は次にもし同じことが起こったらどうするかを考えました。そして、次は一度だけ注意をしよう。もしサラがやめなかったら、優しく抱っこして、居間か外に連れて行こうと決めました。

怒り

怒りというのは正直な感情です。子どもに対して怒りを感じる瞬間がない親はほとんどいません。怒りの感情をコントロールする術を身につけたいものです。アンガー・マネジメントの5つのステップで、怒りの感情をポジティブに処理することができます（次ページ参照）。

うらみ

自分のしたいことをあきらめたり、自分の責任の範囲以上の責任を負わされたりしたとき、うらみの感情が起こります。自分ひとりで抱え込まず、必要なサポートを求めるようにしましょう。

日常生活のストレス

1日のうちで一番ストレスを感じる時間はいつでしょうか。その状況を改善するために、家族みんなでお互いに助け合いましょう。

アンガー・マネジメント

1・警告サインに気づく

あごやおなかなど、体のどこかがこわばったり、手が汗ばむなどの身体的な変化は、何らかの対応が必要というサインです。

2・怒っていることを自覚する

怒りの感情を否定したり抑圧したりするのは効果がありません。「私は怒っている」と声に出して言ってみます。

3・落ち着くために行動する

1から10まで数える、自分の部屋に行く、歩き回るなどの方法で、その状況から物理的あるいは感情的に距離を置きます。

4・落ち着いたあとで、状況を変えるために行動する

行動することで、自分は犠牲者ではなく、状況をコントロールする力があると感じられるようになります。

5・自分が何に対して腹を立てているのか伝える（状況によっては不可能な場合もある）。例「台所が散らかっているので怒っている」

問題をシンプルに表現することで解決する場合もあります。右記の例では、「あなたが台所を片づけなければいけない」と言うと、相手を主語にする言い方（ユー・メッセージ）になります。そうではなく、「私はこう感じた」と、自分を主語にして気持ちを説明するメッセージ（アイ・メッセージ）※を使いましょう。相手ではなく、起こった事実と、それに対する自分の気持ちについて話します。シンプルに問題を表現するとき、事実を誇張したり、相手を責めたり、中傷したりしてはいけません。

※「あなたは○○をしなければならない」といった、相手を主語にした言い方は「ユー・メッセージ」と言われる。これに対して、「私は嬉しい・悲しい」「私は助かる・安心できる」など、相手の行動が自分にどのような感情を起こさせるかという視点から自分を主語にして伝える方法を「アイ・メッセージ」と言う。「ユー・メッセージ」が命令と受け取られやすいのに対し、「アイ・メッセージ」では、実際に行動するかどうかは相手の意思にゆだねるニュアンスがある。

3歳の子どもの母親にとって、朝が一番ストレスを感じる時間でした。子どもを着替えさせるのが一苦労で、よく仕事に遅れていました。そこで、子どもに幼稚園に行く服を着せたまま寝かせることにしました。

ある母親は、幼稚園帰りに5歳の子どもと一緒に買い物に行くのが苦痛でした。子どもが疲れていて、車に乗せるだけでも大騒ぎ。やっと乗せたと思ったら、目的地のスーパーでは降りたがらないなど、拷問のように感じていました。

そこで、子どもを幼稚園に迎えに行ったあと、15分ほど公園で一緒に遊んでから買い物に行くことにしました。一週間ほどして、母親は「私が子どもと100%で向き合う時間が少しでもあれば、より協力的になるとわかった」と報告してくれました。

6歳を筆頭に3人の子どもがいる父親は、仕事のあと、家にまっすぐ帰ることをストレスに感じていました。そこで、家族と話し合って、家に帰る前にスポーツジムで運動をしてから家に帰るようにしたところ、よりリラックスして帰宅し、家族と気持ちよく時間を過ごせるようになりました。

優柔不断

親が、自分がどうしたいのかを決めないままでいると、子どもに対して「こうしよう」という明確な方針が定まりません。結果として、子どもにとっては好ましいが、親にとってはストレスという状況になることもあります。

次の例は、私にとって「目から鱗《うろこ》」でした。

タイラーがなぜ夜中に起きてしまうのか、理由がわかりませんでした。もう夜中のミルクは必要ない年齢だったのに、それでも途中で起きておっぱいを欲しがります。私はフルタイムで仕事をしており、夜通し眠れないので疲れきっていました。

ある晩、私は自分に問いかけてみました。

「タイラーが夜中に起きるのは、私のせいかしら？」

そして、夜中におっぱいをあげているときだけが、1日のうちで唯一、他のことを何も考えずにタイラーと一緒にいる時間だと気がつきました。実は私自身も、タイラーと同様に、一緒に静かな時間を過ごすことを楽しみにしていたのです。

そこで、この夜中のデートを1カ月だけ続けて、そのあとでタイラーが一晩を通して眠れるようにトレーニングをすることに決めました。また、日中にもっとタイラーと一緒にいられるように、翌月のスケジュールを調整しました。30日後、まるで魔法のように、タイラーは夜を通して寝られるようになりました。

子どもは親の気持ちを読み取ります。もし子どもの行動で困ったことがあったら、なぜその状況が起きているのかを考えてみましょう（タイラーが夜中に起きていたのは、私自身も気づいていなかった「ふたりだけの時間を楽しみたい」という気持ちがあったからでした）。

そのうえで、どういう状況になってほしいのか、自分の中でクリアにしましょう。理想の状況を明確にしたうえで行動すれば、親の強い気持ちを子どもは察知するでしょう。

自信のなさ

親の思い込みが、子どもに対して毅然とした態度を取る邪魔をしています。

例えば、「厳しいしつけをすると子どもに嫌われる」という思い込みがある親は、適切なルールを守らせようとすることができません。子どもに嫌われたくないという気持ちが働き、ついプレッシャーに負けてしまうのです。「あー、わかったわかった。おもちゃを買ってあげるからもう泣かないで」といった具合です。子どもが親を試す言動をしたときは、親として自信を持って毅然と接することが大切です。

また、子どもにとってかけがえのない人でいたいという欲求も、自立した子どもを育てる妨げになります。もちろん、子どもの人生において、最初のうちは、親は取り替えの効かない存在です。親なしには子どもは生存すらできません。

でも、子どもが身のまわりのことを自分でできるようになってきても、子どもの人生にずっと関わっていたいという気持ちから世話を焼きすぎてしまう親もいます。

また中には、子どもの世話を理由に自分の人生と向き合うことを先延ばしにしている場合もあります。子どもの靴の紐を結んであげたり、時間どおりに子どもを起こしたりするほうが、自分は人生で何を成し遂げたいのかを考えるよりも、楽に達成感を味わえるからです。

「子どもをコントロールしなければならない」という思い込みは、子どもが逆らったときに、さまざまな問題を引き起こします（そして子どもはそういった考え方には必ず反抗してきます）。子どもに何かをさせようとしたとき、親子の間に主導権争いが頻繁に起こるようになるでしょう。

子育ての目的は、子どもの自立です。つまり、子どもが成長したときに親の助けが不要になるように、自分の人生に責任を持たせていくことです。子どもが育っていくと、自分はもう必要ないのだという気持ちになることがあるでしょう。でも、子どもが成長する過程で、成功や失敗を子ども自身に経験させなければ、自立心や自信は培われません。

内省する時間を取らない

子育てにおいて起こる問題は、子どもの困った行動が原因ではなく、親自身の問題が原因という場合もあります。まず親が、自分自身の心を整えることが必要です。

私は子どもたちから、遊びについて、無条件の愛情について、怒りをコントロールすることについて、根に持たないことについて、そして一日一日を楽しむことについて、多くのことを教わりました。

私自身、子ども時代にはこれらのことを知っていたはずですが、大人になるにつれて忘れてしまったのです。

子どもは、私自身の心がどれだけ平穏であるかを計るバロメーターです。私が穏やかな気持ちでないときに、子どもが何かしでかすことが多いのです。そんなとき、何がしっくりいっていないのか、自分を見つめ直してみます。すると、自分が働きすぎていたり、セルフケアを怠っていたり、家族との時間を十分に取っていないことに気がつくのです。

内省することで、親自身の課題で今まで表面化していなかったことに向き合わざるを得なくなることもあります。それは親がまだ小さかったころの体験からくるものかもしれません。

私の子どもが成長期に性への興味を示し始めたとき、私は腹を立て、また心配しました。でも内省することで、私の反応は子ども時代の体験からくるものだと気がつきました。

年ごろになり性について興味を持ったとき、私は両親から厳しく叱られ、それは恥ずかしいことだと思わされたのです。そのために、子どもの健全で正常な性への興味について過剰な反応をしてしまったのです。

　小さな子どもは、何かに腹を立てて大騒ぎをしたあと、何事もなかったように落ち着きます。中には、成長する過程で、怒りを表現せずに溜め込むことを身につける子もいます。感じることを許されなかった怒りは、病気や恨み、またうつへと発展することもあります。ずっとあとになってから、まわりの人たちへの復讐として表面化することもあります。怒りを溜め込んだままでいると、やがてそれが爆発して周囲の人を傷つけてしまうこともあるのです。

　感情が爆発する引き金となる原因は、さまざまです。子どものけんか、成績の低下、経済的な不安、あるいは誰かが感情をあらわにしている場面などがきっかけで、怒りが噴出することがあります。

　もし今あなたが、こういった状況を前にどうしたらいいか困っている場合には、自分の親がどのような対応をしたか、子ども時代に戻って考えてみてください。

　親から学んだことが、今の困った状況の原因になっていないでしょうか？

　そして、あなたの子どもには、どんなことを学んでほしいでしょうか？

セルフケアの方法

自分がいっぱいいっぱいの状態のとき、喜びに満ちた生活を送ることは難しいでしょう。ですから、自ら率先してセルフケアを心がけ、自分の心を満たしていきましょう。自分のニーズを他の人に満たしてほしいと期待してはいけません。自分の幸せに責任を持つことで、食べすぎ、愚痴、運動不足、喫煙、お酒や違法薬物の摂取など、自己破壊的な行動を避け、また病気を予防することができます。

心を落ち着けるセルフ・トーク

よりポジティブな心持ちで生活するためには、気分が落ち込むような考え方をやめることです。

私自身の習慣として、「私には無限のパワー、心のゆとり、そして愛情がある」と何度も心ゆくまで繰り返すことにしています。そうすると、ネガティブな考えがポジティブな考えに変わっていくのです。

執着しないこと

ネガティブな考え方をなくす別の方法は、物事に執着しないことです。どんな状況でもベストを尽くしたあとで、結果へのこだわりを手放しましょう。何が起こるかは、自分ではコントロールできません。そして、結果に対する執着が少ないほど、平穏な気持ちでいられます。

こだわりを手放すことは、自分や子どもが本来持っている能力を信じることでもあります。たとえ目に見えるような根拠がなかったとしても。

怒り、心配、罪悪感や憤りを感じているとき、他の人に何かを無理にさせようとしているとき、あるいは小言を言ったり、不必要に世話を焼きすぎていたりするときに、執着を手放してみてください。

執着を手放すためには、気持ちを落ち着けてリラックスすることが大切です。今の状況から一歩距離を置いて考えられるように、歩き回ったりお風呂に入ったりしてみましょう。瞑想したり、気持ちが前向きになるような本を読んだりしてもいいでしょう。落ち着いて物事を見ることができれば、良いアイディアが浮かんできます。

無関心・無責任な態度と、執着しないことを混同する人がいます。例えば、思春期の子どもと激しい口論になった結果、イライラして「わかった、友だちの家に遊びに行けばいいじゃない。もう勝手にすればいい」とため息とともに言うとします。

これは執着を手放すことではありません。

本当の意味で執着しないとは、結果については深い関心を持ちながらも、自分はベストを尽くしたので物事は良い方向に進むと信じ、コントロールしたい気持ちを手放す、ということです。

息子は時計の読み方をなかなか覚えられませんでした。私はいろいろな教材をつくって、時計の読み方を教えたり、おだててみたりしましたが、効果なし。ついに私は執着を手放しました。息子が30歳になるまでには時計を読めるようになるだろうと考え、心配することをやめたのです。

数カ月後、息子は誕生日のプレゼントに時計が欲しいと言ってきました。そのとき子育ての神様が私に微笑んでいたからか、私は「時計が読めないのに何で欲しいの？」と言いたいのをぐっとこらえ、息子に時計を買ったのです。

その週の後半、私は息子を3時15分に迎えに行く予定でしたが、3時17分に到着しました。私を見るなり息子は「パパ、遅れたよ！」と言いました。

行動を起こす

自分の望みを明確にして、実現のために何らかの行動をすることも、セルフケアのひとつです。行動することは、自信につながります。

以前、私は人から好かれたいと思うあまりに、自分が何をしたいのかがわからないことがありました。例えば、夫から「どんな映画が観たい？」と聞かれれば、「あなたは何が観たいの？」と聞き返すといった具合です。

でも、今は違います。子どもやまわりの人との関係において、「私はどうしたいか」を自問します。例えば、子どもが日曜の午後に映画に行きたいと言えば、「私はどうしたいのか？」と自問し、家族と一緒に過ごしたいのか、ひとりでいたいのか、それとも夫とふたりだけの時間が欲しいのかを決めて、子どもと相談します。

バランスの取れた生活

次にあげる7つの分野のバランスが取れていれば、生き生きと充実した生活を送れます。極端にどれかに偏っていると、その影響は生活全体に及ぶ可能性があります。

- 学び
- 仕事、キャリア
- 家族や友だちなどの交友関係
- 身体面
- 金銭面
- 精神面
- 遊び、余暇

もしどれかに偏っていたら、よりバランスの取れた生活に努めましょう。もし運動不足であれば、無理なく続けられる楽しい方法を見つけて運動しましょう。もし金銭面が整っていなければ、ファイナンシャル・プランニングを学びましょう。

自分をいたわる

少なくとも1日に30分は、自分のエネルギーを充足する時間を取りましょう。自分の時間を確保するためには、最大限の努力と工夫が必要です。1日の行動を見直して、どこかにスキマ時間がないか検討しましょう。スケジュールを調整すれば、もっと自分の時間を捻出できるかもしれません。リフレッシュする時間を確保するためのいくつかのアイディアを挙げておきますので、参考にしてください。

- 家族よりも早起きするか、遅く寝る
- 昼休みを、散歩や考えごと、読書、瞑想、そして夢想する時間にする
- ベビーシッターを雇ったり、親戚や友人と子どもの世話を交代でするなどを取り決める
- パートナーと交代で子どもの世話をする

子どもを喜ばせようとするのと同じように、ひとりの時間には自分がハッピーにな

ることをします。いくつかのアイディアを挙げておくので、さらに自分のオリジナルの案を付け加えてください。

・泡風呂に入ったり、熱いシャワーを浴びたりしてリラックスする（音楽をかけたり、キャンドルをともして非日常を演出するのも効果的）
・散歩、瞑想
・マッサージに行く
・リラックスするような音楽、TEDトーク※で感動するスピーチを聞く
・ガーデニング
・日記にその日にあった良かったことや、気持ちを吐き出したいことについて書く
・楽器を弾いたり、絵を描いたり、何かをつくったりする

※学術や教育、アート、デザイン、テクノロジーなど多岐にわたるトピックについての講演を行うTEDカンファレンスの動画チャンネル（http://www.ted.com）。TEDカンファレンス自体は、カナダのバンクーバーで毎年行われているが、ここから派生した「TEDx○○」（○○には都市名や主催団体名が入る）というTEDイベントが世界各地で自主開催されており、こちらの動画もネット上で視聴できる。TEDとは、テクノロジー、エンターテイメント、デザインの頭文字を取ったもの。

5歳を筆頭に3人の子どもがいる母親は、ひとりの時間を確保できないと感じていました。私は、状況はよく理解できるが、なんとかしてセルフケアの方法を見つけてほしいと伝えました。翌週のクラスで会ったとき、彼女はとても元気そうでした。他の参加者も彼女が何をしたのか知りたがりました。

「昔はピアノを弾くのが好きだったけど、子どもたちが生まれてから弾いていなかったの。先週雨が降った日に、物事が本当に上手くいかなくなってきて、ほとんど叫び出しそうになりました。そのとき、セルフケアの方法を見つけなくちゃと思い直して、ピアノを弾き始めたら、これがとても素晴らしくて。自分のイライラも解消されたし、子どもたちも穏やかになったんです」

この本で伝えるメッセージの中で、セルフケアは最も大切なことです。日々の生活をなんとかこなすだけの毎日では、子育てについて深く考えるようなエネルギーは残らないでしょう。まず自分を整えることで、子育てをするうえで起こるさまざまな問題に楽しみながら対応できるようになります。

第2章
子どもを勇気づける

小さな子どもは自信に満ちあふれています。自分は何でもできると信じているのです。幼稚園の子どもたちに「大きくなったら、お医者さんや、科学者や、大統領になれると思う人？」と聞いてみると、たくさんの子どもがすぐさま堂々と手を挙げるでしょう。

でも、10代の子どもたちに同じ質問をすると、手を挙げる子の数は半分以下になります。そして大人になるころには、夢をあきらめてしまう人がほとんどです。

それは、なぜでしょうか。

子どもの魂は、まぶしく輝く炎のようなものです。親からの言葉や態度が、炎に注ぎ込まれる燃料となり、その炎は大きくなったり踊ったりします。もし誰かが炎に砂をかけているとしたら、どうなるでしょう？

大量の砂を勢いよくかけたら、炎は小さくなり、やがて消えてしまいます。

親は子どもの振る舞いを正そうとあらゆることをします。例えば、ガミガミ言う、怒鳴る、お尻をたたく、脅す、罰する、罪悪感や恥の意識を植え付ける、などです。

また、心配のあまり過保護になるのも、ひとつの支配の形です。そうすることで、子どもの魂を踏みつぶし、炎を消してしまっているのです。

炎を消すのではなく、その火をさらに大きくしたいと思えば、そのためのチャンスは日に何度も訪れます。そして、子どもの魂を輝かせるための鍵となるのが、子どもの心を**勇気づける**※ことです。

では、どうすれば勇気づけができるのでしょうか。

子どもの個性を大切にする

親にとって、子どもをありのままに受け入れることは簡単ではありません。ついつい、親が理想とする子どもの姿の型にはめようとしてしまいます。子どもに対してかけられるこんな言葉をいたるところで耳にします。

※本書のベースになっているアドラー心理学は、オーストリア出身の精神科医・心理学者であったアルフレッド・アドラーが創始し、後継者たちが発展させた心理学。「勇気」の心理学とも言われる。

・ふざけるな
・静かにしなさい
・泣くのをやめなさい
・そんなことをするなんて、恥ずかしい
・うるさい！
・ほんとに悪い子だね
・悲しそうな顔をするんじゃない
・わがままなんだから
・（否定的なニュアンスで）ほんと、パパにそっくりなんだから
・どうしてお兄ちゃんのようにできないの？

子どものころに親に言われたことを、大人になってからも引きずっている人は大勢います。親に認めてもらおうという思いから職業を選択したり、あるいは親の言葉がブレーキになって、思い切ったことができなかったりするのです。

子どもの「その子らしさ」を否定せずに、個性を大切にしましょう。愛情で結ばれ

た親子関係を築くためには、親も子も自分らしくいられることがとても大切です。

無条件の愛情を注ぐ

親からの無条件の愛情ほど、子どもを勇気づけるものはありません。

無条件の愛情とは、子どもの成績の良し悪しや、上手にできるかどうかに関わらず、ただ子どもの存在そのものに注がれるものです。

親からの愛情を勝ち取るために子どもがしなければならないことなど、本来は何ひとつありません。愛されるために、親の夢や希望をかなえようと頑張ったり、いい成績を取ろうと努力したり、部屋をいつもきれいにしておく必要はないのです。

人に愛されたいという気持ちを原動力として、多くのことを達成しようと頑張って、実際に成功している大人も大勢います。でも、もしかするとその人たちは、子どものころに「ただ存在するだけで愛された」経験が少ないのかもしれません。

自分が所属しているコミュニティや仲間を愛する※子どもを育てるためには、無条件の愛情は絶対に欠かせません。

「何もしなくてもあなたは愛される存在なんだよ」というメッセージを親から受け取り続けることで、子どもは自分が一番好きな自分でいることができるのです。そうして自分を受け入れ、肯定して生きていると、まわりの人も触発されて「私も思い切って自分らしく生きよう」と感じられるでしょう。

子どもを信じる

愛される存在だと伝え続けるために必要なのは、子どもを信じることです。子どもには良いところがいくつもあると信じていれば、それが言葉や行動に自然に現れ、子どもを勇気づけることになります。

また、日ごろから子どもに対してどう感じているかは、何かが起こったときの反応に如実に現れます。親自身も意識していない思い込みというフィルターで子どもを見ている場合もあるでしょう。

子どもに対してポジティブに感じているのか、それともネガティブに感じているのかを知りたかったら、無意識のうちに子どもに貼っているレッテルについて考えてみましょう。残念なことに、ネガティブなレッテルの言葉はたくさんあります。

- ばか
- 魔の2歳児
- めんどくさがり
- 恥ずかしがり屋
- 元気が良すぎる
- 忘れんぼう
- 甘やかされた

こうしたレッテルの言葉は、子ども自身の可能性を狭めてしまうかもしれません。

※アドラー心理学の柱のひとつに「共同体感覚」がある。人はひとりで生きているのではなく、より大きな社会とともに生きていると実感する感覚。自分ひとりの利益だけでなく、全体のことを考え、貢献するという態度を提唱している。

一方で、親にこんなふうに思われていると感じた子どもが、行動を変えない言い訳に使うこともあります。例えば、「出来が悪い」と両親に思われている子どもは、「どうせ僕は勉強ができない」と言い切って、一切の努力をしない、というように。

「かわいい」とか「頭がいい」というような、ポジティブなレッテルもあるでしょう。でも、これらの言葉についてのイメージが、実際には子どもの可能性を狭めてしまうことも起こり得ます。例えば「頭がいい」と言われるのに慣れている子どもは、知らないことがあってもそれを認めたくないかもしれません。

無意識のうちに子どもをワクに押し込めていたことに気がついたら、レッテルを貼るのをやめて、先入観なしに子どもを見てください。「めんどくさがりな」息子にお手伝いをしてもらったり、活動的になってもらったりする方法を考えてみましょう。「かわいいお姫様」が、生活スキルを身につけて、自分で何でもできるようになるにはどうしたらいいでしょうか。

子どもに対する思い込みに気がついて、見方を変えることで、子どもに対する期待が変わります。そうすれば、子どもも自然に変わっていくでしょう。

子どもの夢を応援する

子どもの夢は、小さいころから好きで自然にしていたことから生まれてきます。子どもが何に興味を持っていて、どんなふうになりたいと思っているのかをよく観察して、夢を追いかけるのを応援しましょう。

親が自分を信じて応援してくれているということは、子どものセルフイメージを形成する際に大きく影響します。

中には、自分の夢を子どもに押し付ける親もいますが、これは子どもにとって大変な重荷です。親を喜ばせたい気持ちと、自分の夢を追求したい思いの板挟みになってしまいます。親が子どもの意思を尊重せずに自分の希望を押し付けようとすれば、親子の関係に亀裂が入るのは目に見えています。

子どもの夢を応援する過程で、ベストを尽くして頑張れば、少しでも目標に近づくことができると教えましょう。親に「あなたはやればできる」と信じてもらうことで、子どもは前向きな気持ちで人生を生きていくことができます。

でも、自分の力を信じてもらえずに、夢をあきらめていく10代の子どもがたくさんいます。挫折を味わい、そこから立ち直れないまま大人になると、生きる意味が見出せなくなってしまいます。

ある父親は、息子には歯医者になって安定した生活を送ってほしいと願っていました。息子は音楽を仕事にしたいと思っていましたが、父親に強要されて、仕方なくメディカルスクールに行きました。

試験前には歯科学用語を歌にしてピアノで演奏し、クラスメイトの勉強を助けて人気者になるなど、学生生活をそれなりに楽しんでいるように見えました。

ところが、メディカルスクールを卒業すると、医学部の修了証書を父親に渡して、音楽のキャリアを追求するために、ナッシュビルに行ってしまいました（訳注・ナッシュビルはアメリカ音楽の聖地とも言われるテネシー州の街）。

息子にとって、父親に認められることはとても重要でした。だからメディカルスクールにまで行ったのです。

でも、結果として自分の夢をあきらめなかったのです。もし父親が「音楽で身を立てたい」という息子の夢を応援していたら、もっと良い親子の関係が築けたに違いありません。

子どもの夢を応援する方法はひとつではありません。アメリカならではの壮大なスケールの例を紹介します。

10代の息子を持つ父親は、アイスホッケーでオリンピックに出るという子どもの夢を応援するため、スケートリンクを買ってしまいました。優秀なコーチを雇ってホッケーチームをつくり、自分はスケートリンクの経営で生計を立てながら、息子の夢を支援したのです。

スケートリンクを買うよりもっと簡単なのは、子どもを精神面で支えることです。

ある父親は、息子が体操の競技を頑張っていて、成果も出していることに気がつきました。学業では苦労していた息子に、もっと勉強しなさいと言う代わりに、スポーツでさらに活躍できるように心を配りました。勉強をないがしろにはさせませんでしたが、息子が得意なことにさらに精いっぱいに頑張ることを応援しました。

リサイタル、試合、学校での運動会や音楽会など、子どもの日ごろの頑張りを目にする機会があったら、できるだけ応援に行きましょう。親が見ているだけで、子どもは信頼されていると感じます。

大人になっても、いまだに「両親は仕事が忙しすぎて、自分が頑張っていることに関心がなかった」と不満に思い続けている人は大勢いるのです。

子どもはあっという間に成長してしまいます。子どもがまだ側にいる間に、ありとあらゆる機会をとらえて「あなたを応援しているよ」と伝え続け、子どもの情熱を消してしまわないようにしましょう。

心でつながる時間をつくる

子どもを勇気づけるために、1日に一度は「心でつながる時間」をつくりましょう。物理的に子どもと一緒にいても、心ここにあらずでは意味がありません。

心でつながる時間とは、子どもと一対一で心から向き合う数分間です。他の子どもたちに邪魔をされず、スマートフォンなども入り込めない、お互いにとって特別な意味を持つ濃い時間にします。

子どもが何かを語りかけてきたとき、親はどのように反応しているでしょうか。

①無視する
②聞いているふりをする
③真剣に聞く

③の子どもの目を見て真剣に話を聞いているときが、心でつながる時間です。夕食の献立や、パートナーとのけんかのことを考えず、１００％子どもに注目します。子どもと同じ目の高さになって体に触れながら、子どもの感じていることに耳を澄ませてください。このときだけは、どんな小言もアドバイスもしないでください。思考ではなく、心と心のコミュニケーションの時間です。

子どもと過ごす時間をすべて心でつながる時間にするのは、物理的に不可能です。でも、1日のうちに何回かこの瞬間を持てれば、親子の関係は目に見えて改善します。

ナショナル・ファミリー・インスティテュートは、こんな調査をしています。

「アメリカの子どもが親と会話をする時間は、平均で12・5分しかない。そのうち8・5分は、親が子どもの間違いを正したり、批判したり、あるいは親子でけんかをしたりすることに使われる。子どもに良し悪しを教えたり、自己肯定感を育むために使われたりする時間は4分しか残らない」

心でつながる時間があると、子どもは「自分は大切にされ、気にかけられ、認められている存在だ」と感じるようになります。このように心と心でつながる経験を常にしていたら、親の関心を引くためにわざと困った行動を起こす必要はなくなります。

ポジティブなセルフ・トークを心がける

セルフ・トークとは、頭の中であれこれ語りかけてくる声です。小さいころから何度も親から言われてきた言葉は、大人になったときのセルフ・トークになりがちです。子どもを勇気づける言葉をかけることは、ポジティブなセルフ・トークや、健全な自己肯定感を育むことにつながります。

一方で、大人になっても子どものころに聞いたネガティブなセルフ・トークを消し去ることができない人がたくさんいます。まずは親自身が、ネガティブなセルフ・トークをポジティブなものに置き換えていきましょう。

「できない」→「自分にはできる」

「どうすればいいのかわからない」→「これから覚えればいい」

「恥ずかしくて大勢の前で話すのは無理」→「相手がひとりだったら話せる」

無意識のうちに、親は子どもにどんなメッセージを伝えているでしょうか。子どもはそれをどんなふうに受け取っているでしょうか。

例えば、末っ子のことを「私の赤ちゃん」とか、それに類するかわいらしいニックネームで呼ぶことはさほど珍しくありません。でも、その言い方は、子どもを「私は無力で小さい存在だ」という気持ちにさせているかもしれません。

子どもがどんなふうに思っているのかわからないときは、「このニックネームで呼ばれると、どんな気持ちがする?」と聞いてみましょう。

声のトーンに気をつける

親が話しかけるときの声のトーンも、子どもに与える印象を左右します。だから、明るくニュートラルなトーンで声かけをするように気をつけましょう。

親が赤ちゃん言葉を使うと、子どもはばかにされたように感じます。概念的で子どもにはわからないかもしれないと思う言葉も適度に使い、子どもに「それってどういう意味？」と質問させましょう。大人の友人に話すように敬意を持って話しかけることで、子どもは親からひとりの人間として尊重されていると感じます。

子どもの意図を尊重する

子どもの困った行動を指摘するときには、「どうしてそんなことをするのか、本当はわかっているよ」と相手に伝わる言い方をしましょう。例えば、娘が猫にちょっかいを出していたら、「いつもは優しくしているのに、どうしたの？　猫が痛がっているよ。何か嫌なことでもあったのかな？」と問いかけます。

子どもの行動の目的について、理解を示すのです。ただ「猫をいじめるんじゃない」と注意するだけだったら、猫にちょっかいを出すのはやめても、矛先が他に向かうかもしれません。

子どもたちは、自分の行動の目的をよくわかっていません。愛情に満ちた声のトーンやニュートラルな言い方で、子ども自身に間違いを気づかせましょう。そうすれば、「自分は悪い子だ」といったネガティブなセルフ・トークにはまることもなく、自分の振る舞いを振り返って、次はどうしたらいいか考えることができます。

内なる自発性を促す

子どもが何かに挑戦していたら、頑張っている過程で感じた喜びについて言葉をかけましょう。もし子どもの成績が良かったら、本人がどう感じているか問いかけます。例えば、「学ぶことが好きなんだね」「どんな気分?」といった言葉かけをします。

自分の良い成績に対する他の人の反応を見るのではなく、子ども自身から、それに対する気持ちが湧きあがることが大切です。良い成績を嬉しく思ってほしいということではなく、子ども自身で、良い成績についてどう思うかを決めることが重要です。

まわりからの承認がないと「私はよくやったんだ」と感じられない子どもは、次第に自分の気持ちよりも他人の意見のほうが重要だと考えるようになります。他人の意見を優先していると、友だちからのプレッシャーに負けたり、お酒、麻薬、性行為、暴力などのターゲットになりやすくなったりしてしまいます。

愛情を表現する

スキンシップは、人間の基本的な欲求のひとつです。愛情を持って抱っこされたり触れられたりすることで、子どもたちは健全に育ちます。

スキンシップはとても効果のある勇気づけです。子どもへの愛情を、体いっぱい使って表現しましょう。小さな子どもは、親のひざの上に座って本を読んだり話をしたりするのを喜びます。話をしないで静かに一緒にいるだけでもいいのです。

子どもと同じ目の高さになりましょう。部屋の向こう側から怒鳴るのではなく、近くに行って話しかけましょう。肩の上に手を置いたり、肩を抱いたりするのもいいでしょう。

思春期にさしかかると、密なスキンシップは嫌がるかもしれません。その場合は、ただ側に座ったり肩を触れ合わせたりしてみましょう。子どもを受け入れ、感謝していることを示すために笑顔を向けましょう。

当たり前のことだと思われるかもしれませんが、子どもを勇気づけるスキンシップは必要不可欠です。

愛情表現の際に注意すること

セクハラや性的虐待のニュースを耳にすることが多い昨今なので、愛情表現としてのスキンシップについて左記にガイドラインを示します。

- 子どもの年齢に合ったスキンシップをする
- 子どもの意思を尊重する
- 子どもに嫌な思いをさせない

・子どもが許容する範囲を尊重する

子どもが健全な自己肯定感を持ちながら成長するためには、身体的・感情的な**バウンダリー**※を尊重することはとても大切です。

親が率先して、子どものバウンダリーを尊重しましょう。バウンダリーについてきちんと教えてもらうことで、子どもは周囲の人と接するときに、これは良くてこれはダメという制約を自分が決めていいのだと学びます。

子どもにバウンダリーについての知識がなく、自分で制約を決める練習ができていないと、誰かに性的な行為を要求されたときに、毅然とした態度で「やめて！」と言うことができません。女の子に対する性的虐待について耳にすることが多いとはいえ、男の子も同様に危険にさらされています。

※自分と他人の間の境界線。「バウンダリーを引く」とは、まわりの人に対して「ここまでは良い、ここから先はダメ」という線を明確にすること。バウンダリーをきちんと引くことができないと、他人の意見に惑わされたり、他人に対して「ノー」と言えなかったりして、さまざまな問題につながりやすくなる。

バウンダリーを侵害する行為の例

・子どもがトイレや自分の部屋にいるときに、ノックせずに（許可を得ずに）入る
・子どもの意思を無視して愛情表現を強要する（親戚に抱っこやキスをさせることも含む）
・子どもの部屋を勝手に片づける
・無理やり何かを食べさせようとする
・無理やり薬を飲ませようとする
・子どものモノを勝手に借りる
・子どもが打ち明けてくれた秘密を、許可なく他人（自分のパートナーも含む）に話す
・子どもが考えていることや知っていることを無理に言わせる
・子どもがやめてと言っているのに、レスリングやくすぐりっこなどの遊びをやめない
・子どもの手紙、日記、学校のノートなどを勝手に見る

例えば、病気の子どもに薬を飲まさなければならない場合でも、事前にきちんと説明をするなどして、子どもの意思を尊重しましょう。次の例のように、子どもが小さいと、ついうっかりバウンダリーを見過ごしてしまいがちです。

3歳になるジェームスが両親と外出しているときに、着替えが必要な状況になりました。ジェームスは他人から見られないところで着替えたかったのですが、そのような場所が見つかりませんでした。父親は、ジェームスはまだ3歳なのだからプライバシーは必要ないと説得を試みました。

でも、途中で父親はいつもジェームスに「身の安全を守ること」について言い聞かせていたのに、そんな説得をするのは矛盾していると気がつきました。そこで、大きなタオルを広げてジェームスが他人に見られることなく着替えられるようにしました。

ある女性には、小さいころに足の骨を折って運ばれた病院で、医者が彼女のはいていたジーンズと下着を切って手当てをしたという経験がありました。きちんとした説明もなく、また許可も求められず勝手に処置が進んだのです。今でも彼女は、そのときに感じた恐怖を覚えています。

ときには、子どもがくすぐられたりキスをされたりといったスキンシップを本当に楽しんでいるのかどうかがわかりにくいこともあるでしょう。

我が家では子どもたちとルールを決めました。どちらかが「もうやめて」と言ったら、その遊びに参加していた全員がすぐにやめる、というシンプルなルールです。

身体面だけでなく、感情面でのバウンダリーも尊重しましょう。もし誰かに気に障ることを言われたら、「嫌なのでやめてほしい」と伝えることが必要です。バウンダリーを尊重するとは、相手が嫌がる言動をしないことなのです。

親自身が率先して自分のバウンダリーを決めて、周囲の人に尊重するように求めましょう。そうすることで、子どもも自分のバウンダリーを尊重できるようになります。

日常生活のルーチンを大切にする

日常生活にルーチンがあると、子どもに安心感を与えます。同じことを繰り返すことによって、子どもは次に何が起こるのか予測ができます。

大人でも、毎日のルーチンが少しでも変わってしまうと、途端に調子が狂ってしまうことがあると思います。子どもも同じです。日常の普遍性が、子どもが自信を持つ土壌になります。

決まった日課やルールがなく、毎日がカオス状態の家庭で育つ子どもは、直前に起こった出来事に気持ちを引っ張られてしまうことがあります。これでは自信のもとになるしっかりとした基盤を築くことは難しいでしょう。

多くの家庭で特にストレスが強いのが、就寝時間です。1日の終わりは誰でも疲れが溜まっているので、大人も子どももキレやすい要因が多いのです。

でも、就寝前の決まったルーチンがあれば、物事はよりスムーズに進みます。

就寝前のルーチン

「ザック、寝る時間よ」母親は言いました。「嫌だ！」と2歳のザックは叫んで、子ども部屋に走っていきました。

母親はすぐあとを追いかけて、嘆願するように「もう寝る時間だよ。いい子だから、さあさあ」と言いながら抱っこしようとすると、「ダメ、ママ、ヤダ！」とザックは叫びました。硬直した身体をくねらせ、母親の手から逃れようと激しくけりました。

「やめなさい！　ベッドに今すぐ行って。今よ！」と母親は宣言し、子どもをベッドに連れて行こうとしました。すると、ザックは激しく泣き出して、お風呂に入ろうと服を脱ぎ始めたのです。

この主導権争いは、ザックのお風呂、着替え、歯みがきといった一連の流れが終わるまでずっと続き、最後は形式的なおやすみのキスで突然幕を閉じました。

イライラして疲れ果てたまま、母親は階段に座り込みました。平穏が訪れるかと思う間もなく、「ママ、水！　ママ、トイレ！」というザックの声。母親は怒り心頭に達しながら、子どもに水の入ったコップを渡し、トイレに行かせてから、またベッドに連れて行きました。ベッドにザックをたくし込みながら、押し殺した声で「もうひと言もしゃべっちゃダメよ。おやすみ！」と言いました。

母親はザックの部屋のドアをバタンと閉めて階段を降りていきました。ザックはベッドに丸くなって、シクシクと泣き始めました。母親は罪悪感とイライラした気持ちでいっぱいになりました。

さて、この同じ光景をザックの目から見るとどうなるでしょうか。親の近視眼的なフィルターを通して見ると、子どもの視点からはどう見えていたのか、なかなか理解できません。

例えば、あなたがおもしろい本を読んでいる最中に、パートナーが「もう寝る時間だよ」と言ったと想像してみてください。「いいえ、まだ寝るのには早いわ」と返事をしたにも関わらず、パートナーがあなたに2階に行って服を脱ぎお風呂に入ることを強要したら、どのように感じますか？　支配されていることに怒ったり、尊重されていないと感じるのではないでしょうか。

「でも2歳児は大人のようには感じない。親は私なんだから、私が責任を持って子どもを世話しないと！」と思うかもしれません。子どもは確かに大人ではありません。でも、2歳でも自分の感情を持っている人間で、成長の大切な段階にあるのです。自分で物事を決められる機会を求めていて、自分の希望をどのように伝えてかなえていくかを学んでいるところなのです。

多くの場合、ベッドに行くこと自体が問題なのではありません。実際、子どもはもう疲れていいてすぐに寝たいかもしれません。

でも、親が命令することで、子どもは「支配されている」と感じます。私たち大人だって、このように「命令」されたらそのように感じるでしょう。

自分のことは自分で決めたいと思うのは自然なことです。ザックを力で抑え込もうとすればするほど、自分は親に愛されていないどころか、否定されていると感じてしまいます。寝る前の時間は、親密さを育む特別な時間にもできるのです。寝る前に、心のつながりを実感したいと感じるのは自然なことです。

でも親は、1日を乗り切るだけでヘトヘトに疲れ果てているため、子どもをさっさと寝かしつけてリラックスする時間を持ちたいと思っています。そのため、子どもは「ママは僕をベッドに押しやろうとしている」と感じてしまいます。ベッドに入ったあとも何度も水を欲しがったり、トイレに行きたがったりすることで、子どもは日中に親との心のつながりを十分に感じられなかったことを伝えているのです。

子どもの本当のニーズは何でしょうか?

- 親とは違う、自分の考えを持っていることを認めてほしい
- 親との心のつながりを感じたい
- 自分のことを自分で決めたい

・自分のことを理解してほしい

子どものニーズを満たしたうえで、決まった時間に寝てもらうにはどうしたらいいでしょうか？

最初のステップは、親自身のニーズを満たすこと。セルフケアをきちんとすることで、子どもの就寝時間でもエネルギーが残っている状態にします。子どもが寝るまでに行うルーチン（お風呂、着替え、歯みがき、本の読み聞かせなど）の時間を1時間と決めて、子どもが寝たあとは自分ひとりか、パートナーとのふたりの時間とします。

可能な限り、両親そろって就寝前のルーチンを行うようにしましょう。ふたりで協力すれば、子どもが寝る前の時間は重荷ではなく、楽しいものになります。

余計なストレスや争いを避けるため、子どもが実際に寝る時間の1時間前から就寝前のルーチンを始めましょう。この時間は徐々に気持ちを落ち着けていく、ゆったりとしたものであるべきです。レスリングをしたりくすぐったりという、子どもを興奮させるようなことはやめましょう。子どもが今やっていることにひと区切りがつけられるように、就寝前のルーチンを始める15分前には子どもに声をかけましょう。

命令ではなく、選択肢を提示しましょう。選択肢があると、子どもは自分にも決める権利があると感じます。例えば、「お風呂はパパと入る？　それともママと？」とか「ゴリラのぬいぐるみと一緒に寝る？　それとも猫のぬいぐるみがいい？」など。子どもと一緒に、就寝前のルーチンについて考えましょう。例えば、本を読む、ハグする、キスを2回する、寝室に歌いながら行く、などです。特に子どもが小さければ、毎日同じ歌を歌ったり、同じ順番で物事を行ったりすることで、子どもに安心感を与えることができます。

就寝前は特に心でつながる時間にしましょう。例えば「キャンプに行ったとき、たぬきが食料を横取りしようとしたことを覚えてる？」とか「赤ちゃんのときは、おなかをなでられるのが好きだったのよ」など、家族で共有した楽しかった思い出を話すのもいいでしょう。こうした会話が、安らかな眠りの準備になります。

お互いに好きなところを三つ言い合いましょう。「〇〇ちゃんの好きなところは……」という言葉から始めて、具体的なことを言いましょう。例えば、「〇〇ちゃんの歌を聴くと元気になる」など。

「今日は何が楽しかった？」「何が良くなかった？」などという質問で、もっと子ど

もに話をさせてみましょう。電気を消してからのほうが、自由に話ができる子どもも
います。どうしたら子どもが話しやすいのかを探ってみましょう。
就寝前のルーチンが終わったら、子どもの寝室から出ます。この新しいルーチンを
導入する際には、「緊急のとき以外で部屋から出てきたら、やさしく部屋まで連れて
行くからね。『おやすみ』を言って寝室のドアを閉めたあとは、もうお話はしないよ」
と説明しておきます。
就寝前のルーチンをすべて終わらせたら、もう子どもとは話をしません。言葉を使
うと主導権争いになりがちです。最初は、子どもは「おやすみ」をしたあとにも、寝
室から出てきたりして、親がどのくらい本気なのか試そうとするかもしれません。そ
の場合には子どもを何度も寝室に連れ戻す必要があるでしょう。でも、親が本気で就
寝前のルーチンに徹して、子どももそれに慣れていくにつれて、すんなりと寝てくれ
るようになります。そして、このおやすみの日課は親子にとって楽しいものになって
いくでしょう。
そうなれば、就寝前は親子の親密さを育む時間になります。親の愛情をたっぷりと
感じられる時間を一緒に過ごすことで、子どもは自分は価値がある存在だと思うよう

になります。

子どもの経験を優先する

子どもに過剰な刺激を与えないように、適切にコントロールするのは親の責任です。例えば、あらゆる種類の虐待や身体的な危険、子どもの発達段階にふさわしくないような複雑な状況は避けるべきです。

一方で、子どもの日常生活において、挑戦をさせることも必要です。何かをしてみることで子どもは自信をつけていきます。チャレンジを乗り越えて成功する経験が多ければ多いほど、さまざまなスキルが身につき、自信にもつながります。

次の話に出てくる子どもは、年齢相応の経験と、年齢相当ではない経験をしました。母親はこれらの経験を通して子どもが何を学んでいくかということを念頭に置いて、適切なタイミングで介入したり、成り行きに任せたりしました。

12歳のメリッサは、祖父母の家に飛行機で行くという日に、航空券を寝室の鏡台の上に置いてきてしまいました。

母親はたまたまそれに気がつきました。何も言わずにおこうかとも考えましたが、その自然な成り行きとしてメリッサが飛行機に乗れなかったら、大変がっかりするだろうとも考えました。

そこで、母親は航空券を手に取ってメリッサに何も言わずに渡しました。彼女は「しまった」という顔をして航空券を受け取り、車のダッシュボードに乗せました。

空港に着いたとき、母親はまたメリッサが航空券を車に置き忘れていることに気がつきました。この時点では、飛行機の時間までまだ余裕があったし、成り行きに任せても大丈夫だろうと考え、母親は何も言いませんでした。チェックインのカウンターに行く途中で、メリッサは息を呑んで、「あ、航空券をまた忘れちゃった！」と叫びました。小言を言いたいそぶりも見せず、母親は車の鍵をメリッサに渡し、メリッサは車にかけ戻っていきました。

失敗をした子どもを勇気づける

生きて行くうえで、失敗は避けて通れません。人は誰でも間違います。子どもの失敗に対して怒るのはやめましょう。親が許してくれないと思い込んでしまった子どもは、間違いを隠したり、うそをついたり、他の人のせいにしたりします。また、人生において、思い切って何かをすることを恐れるようになるかもしれません。子どもが何か失敗をしても、生死に関わることはほとんどありません。間違いをしたら、次にどうすればいいか、多くのことを学ぶでしょう。失敗を最小限にとどめ、子どもをできる限り勇気づけるために、次のことをしてみましょう。

1 次回同じことがあったら、どのような選択をするかを考えさせる

すでに起こってしまったことに対して、親がいつまでもこだわっていると、子ども

は言い訳を考えたり、攻撃されていると感じて防御的になるだけです。また同じことが起こったら、次回はどうすればいいかと問いかけて、必要があれば新しいスキルを教えましょう。

「誰でも失敗するよ。牛乳瓶をどういうふうに持ったら、牛乳をこぼさないかな？」

2 「行為」と「人格」を分けて考える※

子どもは愛しているけれども、子どもの困った行動は改めなければならないことを伝えましょう。

「あなたのことは大好きだけど、おもちゃを投げるのは困るのでやめてね」

3 子どもにもう一度チャンスを与える

もう一度トライする機会を与えることで、次回はもっとうまくできると信じている

※「〇〇をするのはダメ」と言うところを、「(子どもの名前)＋ダメ！」と言ってしまうことがあるが、この言葉かけでは子どもが自分という存在を否定されたように感じやすい。子どもへの愛情を精いっぱい伝えることを意識しながら、改善してほしい点をフラットに伝えることを心がける。

親の気持ちが伝わります。

「昨日はテレビを見ながらご飯を食べたら、散らかしちゃったよね。だから今日はテレビを見ながら食べるのはやめよう。また来週の日曜日にテレビを見ていいよ」

4 子どもに見せる

親は子どもに「〇〇しなさい」と言いたがります。でも、子どもが学ぶために一番いい方法は、親がまず見本を見せて、次に子どもにさせてみることです。子どもの学びのスタイルにも気を配りましょう。主な学びのスタイルには、「目で見て学ぶ」「耳で聞いて学ぶ」「手で触れて学ぶ」の3種類があります。

「シリアルをお皿に入れるやり方を見ていてね。まずシリアルを入れて、それからミルク。わかった？　こうすればこぼさないよ」

5 質問をする

子どもが自分で考えるように質問をしてみましょう。愛情に満ちた声で、「この経験から何を学んだかな？」「次はどうしたらいいと思う？」「こうなったら、どうなると思う？」などと聞いてみます。

親に言われたとおりにするよりも、自分で解決法を考えるほうが学びにつながります。思春期の子どもは特にそうです。質問によって、子どもは同じ失敗を繰り返さないようになり、自立心も育まれます。

子どもが失敗しないように手助けをしたくなるのは、親としては自然な感情です。でも、子どもは「ひとりではちゃんとできないと思われている」と察知します。子どもが決して失敗しないように先回りするのも、手出しを一切せずに同じ失敗を何度も経験させるのも両極端です。適切なバランスで見守りましょう。

子育ての目的は、子どもの自立です。まず自分で問題を解決できるようにトライすること。そして、必要なときには助けを求めてもいいことを教えましょう。

失敗を償うことを教える

子どもに自分の失敗の責任を取ることを教えましょう。他人を傷つけてしまったり、人のものを壊したりした場合に、その償いをすることはとても大切です。

子どもにしてほしい行動を、親が率先して見せるのもいいですし、子どもにどうしたらいいいかを聞く方法もあります。

例えば、駐輪場でうっかり他人の自転車を倒してしまい、ライトを壊してしまったときはどうしますか?

うっかりぶつけてしまったお詫びや、自分の名前や連絡先などをメモに書いて自転車のカゴに残していくのか、あるいは相手がその場にいないのをいいことにそそくさと離れるのか、子どもはちゃんと見ているでしょう。

ある父親は、子どもたちに夏休みの自由研究のために工具を使ってもいいと言いました。子どもたちはその工具の持ち手部分にペンキをつけてしまいました。人から借りた工具を汚してしまったわけです。父親がどうしたら償えるか聞いたところ、子どもたちはその持ち手部分をすべて銀色に塗るのはどうだろうかと提案しました。

ある子どもは、学校から帰る途中で、母親に知らせずに友だちの家に行ってしまいました。母親はそれを知らずに子どもを迎えに学校に行きましたが、娘を見つけられませんでした。子どもは、母親に電話をしなかったことを反省し、母親のお手伝いをすることにしました。

失敗した本人が、どのようにそれを償うのかを提案することが大切です。

また、それは迷惑をかけた相手が了承する案でなければなりません。親の目標は、子どもが自分の失敗の結果に対してどう対応するのかについて、自ら考えられるようになることです。まだ子どもが小さくて、埋め合わせるという概念がよく理解できないときは、親が手助けをする必要があります。

親の間違った行動

子どもの困った行動を以下のリストにある方法で管理しようとする親は、子どもの可能性を最大限に引き出すことができません。これらの行動をしていないかどうか、チェックしてみましょう。

小さなことで大騒ぎする

小さなことにいちいち腹を立てるのではなく、本当に大切なことについて注意をします。その際、できるだけ明るい声のトーンで話をしましょう。

私の夫は、いつも片づいているきれいな部屋が好きです。片づけは誰がするべきなのかという議論をひとしきりしたあと、夫は私と子どもたちの協力を得る良いアイディアを思いつきました。

毎晩、ベッドに行く前に10分間だけ片づけをするのです。夫はタイマーをかけて楽しい音楽を流し、その間私たちは部屋の片づけをします。10分後にタイマーが鳴ると、片づけの時間は終わり。「きれいになって嬉しいね」と、家族で喜び合います。

恥の気持ちを植え付ける

子どもの失敗に対して恥の気持ちを植え付ける方法は、長い目で見れば、親に対する不信や復讐心という基盤をつくってしまうことになります。

友だちの前で子どもに注意をするのは、もっとも害のある行為です。例えば「お漏らしをするのをやめないと、学校におむつをはいて行かせるわよ！」とか「いつも時間を守れないんだから。お友だちに、もう今日は遊べない、ごめんね、と伝えて、さっさと家の中に入りなさい！」などと言うのはやめましょう。

批判する

子どもは、１日に平均で４３２個ものネガティブなコメントを聞きます。それに対して、ポジティブなコメントは32個だけです。できる限り、子どもを否定したり批判したりする発言を避け、子どもを勇気づける言葉をかけましょう。また、建設的なメッセージを伝えるようにもしましょう。

ある学校の校長先生は、「悪いこと」をした子どもひとりを校長室に呼び出すのではなく、「良いこと」をした子ども5人を校長室に呼ぶことにしました。

この考え方によって、教員の生徒に対する考え方も変わりました。

「ダメ」「やめて」を言いすぎる

子どもにとって、このふたつの言葉をしょっちゅう聞くのは本当にうんざりします。親も、細かなことにまで言いすぎている面があります。

「ダメ」「やめて」の代わりに、選択肢を与えましょう。例えば「壁には落書きはしないでね。この紙か、家の裏の道にだったら描いてもいいよ」とか、「食器洗いのお手伝いか、買い物を手伝ってくれる？」など。

比較する・競争をあおる

他の子どもと比較をすることは、競争心をあおります。競争させると、子どもたちはお互いに相手に勝たなければならないと考えるようになります。
競争ではなく、協力することを学んで育つ子どもは、人生を生き抜いていくためのさまざまな知恵を身につけて、幸せな人生を送れます。常に自分の能力を証明し続けなければならない人は、一時も心が休まることがありません。

過保護にしすぎる

子どもを過度に守りすぎると、「世の中は、自分の手に負えないくらい危険だ」というメッセージが伝わってしまいます。子どもには、自分たちで困難に立ち向かって何とかやり遂げることを学ぶ機会が必要です。問題を解決するためにあれこれしてみることで、いろいろなことに対応するスキルと自信が身につきます。

私は8歳の息子と彼の友だちのトッドを一緒にスイミングに連れて行きました。トッドは耳に慢性の病気があり、耳栓を使わなければなりません。プールに着くと、トッドは私に耳栓をつけてほしいと頼みました。いつも母親にしてもらっているのでしょう。私は彼に笑いかけ、肩に手を置いて言いました。

「自分でできると思うよ」

トッドが泣き喚いたり文句を言っても、私は静かに横に立っていました。そのうちにトッドは、自分で耳栓をしようと試みました。地面に落としたり、さかさまにつけたりしながらも、最後にはきちんと耳栓をすることができました。彼の顔は、本当に誇らしげでした。

「子どもの自立」をゴールにしていない

親には、子どもが自立した大人になるように導く責任があります。

・力で押さえつける
・短期的な解決ばかりで、子どもの学びにはならないことをする
・子どもが自分で学ぶための十分な時間を与えない

このような状況で育つと、子どもはどうなるでしょうか。成長する過程で、他人と人間関係を上手に築けなかったり、さまざまな環境にうまく適応できなかったりするかもしれません。

子どもの振る舞いに対して注意をしながら、「この経験から子どもは何を学ぶだろうか？」「大人としてふさわしい性質を身につける助けになっているだろうか？」と問いかけてみてください。

子どもから学ぼうとしない

親は、子どもは大人である親から学ぶものと考えています。でも逆に、親がオープン・マインドで子どもと接していたら、子どもから学ぶことはたくさんあるはずです。

母親は7歳のジュディに「あなたが腹を立てているときに自分の部屋に行くの、とてもいいと思うわ。部屋から出てくるときには、お話しする準備ができているもの」と言いました。ジュディはいぶかしげな顔をしながら「そうだね」と言いました。

数週間後に、両親が激しいけんかをしていました。ジュディは慎重に母親に近寄り、こう言いました。

「私が腹を立てているときは、部屋にいって楽しいことを考えるのよ。部屋を出てくるときには、そう悪くないって思えるようになるの」

両親はお互いの目を見て恥ずかしそうに、にやっと笑いました。両親はけんかをやめて、腹が立つ状況をどう解決したらいいかを考えました。

心からの勇気づけをする

親の勇気づけが心からのものか、それとも上辺だけのものか、子どもにはすぐにわかります。心にもない言葉は支配にすぎません。

「これから言うことは、子どもを勇気づけるか、それとも彼の態度を支配しようとしているのだろうか？　自分の思うように振舞って欲しいのか、それともあるがままでいてほしいのか？」と自問してみましょう。

小学校の先生が、著名な精神科医であるドライカース博士を自分の教室に招待しました。先生はある子どもの字が汚いことについて、子どもの前で言い始めました。

「これを見てください。こんな酷い筆記を見たことがありますか？　この紙に書いてあることが何もわからないわ」

ドライカース博士は、紙をじっくりと眺め、子どもににっこり笑いかけました。「うーん……、これはなかなか見事な"O"という文字だね」と、紙で唯一読むことができた文字を指差しながら言いました。

博士の励ましで、子どもはもっときれいに字が書けるように頑張ろうという気持ちになりました。他の先生たちの批判的な言葉では、その効果はありませんでした。


子どもが良い結果を出したり、あるいは結果はどうあれ精いっぱいの努力を注いだりしたとき、「ベストを尽くしたんだね、頑張ったね」と言葉をかけましょう。

もし子どもに批判的でやる気をなくさせるようなことを言えば、子どもは簡単にあきらめてしまうか、できない理由を並べて防御的になるでしょう。子育ての目標である「健康で、自信があり、自立した協力的な大人」を常に念頭に置きましょう。

勇気づけの輪

「勇気づけの輪」は、お互いの好きなところにフォーカスするゲームです。夕食時や家族会議のとき、車の中など、いつでもどんな場所でも行うことができます。

家族の中でお互いを褒めることに慣れていなければ、最初は変なふうに感じるかもしれません。でも何回か続けていくうちに、過度に意識することもなくなります。勇気づけの言葉をかけたときに家族の顔に浮かぶ表情が見たくて続けられるようになるでしょう。

まず、家族のひとりを囲むように座ったり、何か「この人」とわかる目印をつくります。例えば帽子をかぶったり、ぬいぐるみを持つなどでもかまいません。

家族の一人ひとりが順番にその人と手とつなぎながら、「あなた（○○ちゃん、お父さん、お母さんなど）の好きなところは……」と伝えます。

家族みんなが言い終わったら、最後に、その人も自分自身の好きなところを言い、次に勇気づけの言葉を受け取る人を指名します。すべての人の順番が終わるまで続けます。家族の間に親密さや温かさ、ポジティブな気持ちをもたらす素晴らしいゲームです。

第3章

子育ての
スタイル

子育てのスタイルは、大きく分けて「権威主義タイプ」「放任タイプ」「民主的タイプ」の3つに分類されます。この章では、それぞれの子育てのスタイルについて学びます。自分の子育てのスタイルについて知り、このまま続けるのか、もしくは子どもをより勇気づける方法に変えたいかどうか、考えてみましょう。

権威主義タイプ

ジェイソンの成績表にはDがありました。父親は「私の息子ならDなんて取るな！2週間外出禁止だ。さっさと部屋に行って勉強しろ！」と怒鳴りました。

権威主義的な親は、厳しくしなければ子どもはきちんと育たないと考えています。そのため、権威を振りかざして、子どもの言動を思いどおりにコントロールしようとします。

・罪悪感を持たせる
・脅す
・外出禁止やお尻をたたくなどの罰を与える
・皮肉や批判を口にする
・恥をかかせる
・威圧する
・愛情表現をしない
・（危険な状況でないときでも）命令する
・言うことを聞かせるために、ご褒美を利用する

権威主義的な親は、これらの方法で子どもの意思を無視して言動をコントロールします。この方法では、子どもの自己肯定感は低下し、自信を持つことが難しくなります。また、心が折れてしまうこともあるでしょう。

この子育てのスタイルは、子どもに恐怖心を与えて行動を正そうとするものです。怖いから親の言うことを聞くようになり、子どもは「自分は今のままではダメなんだ」

と感じるようになります。親自身、大人になってから、もし立場が上の人から何かを強要されたことがあれば、その経験がもたらすダメージは十分に理解できるのではないでしょうか。

恐怖心が行動の動機づけになると、子どもは自分を守るためにうそをついたり、人を責めたりするようになります。恐怖心は競争心をあおり、友だちや兄弟に敵対心を持ったりけんかをしたり、人間関係全般から距離を置くことにもつながります。

また恐怖心は、子どもが自分らしくいることをあきらめて親の期待に応えようとしたり、逆に反抗したりする原因になります。子ども自身の善悪の判断ではなく、親や教師からの評価という外的な要因によって行動がコントロールされます。

子どもの責任感や倫理観は、罰によって育むことはできません。むしろ、子どもは「どうしたら罰を受けずに済むか」とばかり考えるようになります。

「行儀のいい子」という幻想

親の権威で子どもの行動をコントロールすれば、すぐに「行儀のいい子」になるかもしれません。でも、表面だけきちんと振舞っているように見えても、長期的に見ると、子どもが自立する助けにはなりません。

罰を与えられた子どもは言うことを聞くようになるか、もしくは、親に反抗したり恨んだりします。罰せられた子どもは、何にフォーカスするでしょうか。

多くの場合、それは自分の行動が引き起こした結果や、この経験から学んだことではありません。むしろ、親や先生といった権威的な立場にある人に、どうしたら仕返しができるかを考えるようになるのです。

同様に、子どもに何かを無理やりさせようとすれば、反抗して次のような行動に出ることもあります。

・不機嫌になる
・非協力的になる
・下の兄弟やペットにやつあたりをする
・わざと悪い成績を取る
・モノを壊す
・家出をする

・わざとお手伝いを忘れる

これらの行動を通して、親の高圧的な態度に反抗しているのです。子どもの創造性が豊かであればあるほど、このリストは長くなるでしょう。

こうした行動を前にした親は、ときにはさらに強硬に権威を見せつけようとします。その結果、子どもは親への恨みや敵意でいっぱいになり、責任転嫁をしたり、非協力的で敬意に欠ける行動を取ったりします。

親も子もそろって自尊心が傷つけられ、親子関係も緊迫してしまい、お互いに対する敬意や協力的な態度は見られません。あとになって後悔するような言動を取ってしまうこともあります。

従順さと責任

身の安全が関わっているときには、子どもは親の言うことに従う必要があります。横断歩道を渡る前に一度止まって周囲を見回すとか、熱いストーブや水際に近づきすぎないといったルールに反論の余地はありません。

でも、それ以外の場面においては、権威を持った人の命令に従うことよりも、状況に応じてふさわしい行動を自分の責任で選択できることのほうが大切です。そのときどきの状況で、論理的に考えて最適な行動を選ぶスキルを学ぶ必要があります。

これらのスキルとは、問題解決能力や、クリエイティブな考えを引き出す創造性、そして自分の感情に気づく力といったものです。盲目的に親に従うばかりでは、責任を持って自分の行動を決めていくという能力は育まれません。

力で子どもを押さえつけようとする親は、自分もそのように育てられてきて、他のやり方を知らず、子どもに同じことをしている場合もあります。あるいは、職場でのいざこざ、パートナーとのけんか、忙しすぎること、体調不良などで、いろいろな不安やストレスが溜まりすぎていて、一時的に権威主義的な行動を取る親もいます。

思い当たることはたくさんあるでしょう。そんなとき、子どもがいい子にしてくれないと、ますます自分が無力に感じられ、手をあげたり外出禁止にしたりして問題を解決しようとします。

でも中には、子どもには厳しくして「教訓を植えつけないといけない」と真面目に考える親がいるのも事実です。

子どもに罰を与えたい衝動に駆られたら、深呼吸をして内省してみましょう。

・私は怒っているのか？　仕返しをしたいのか？　それとも、無力感にかられていて、なんとか言うことを聞かせたいと思っているのか？
・子どもに言うことを聞かせたいのはどうしてか？　服従させるため？　自立した大人になってほしいから？
・子どもをコントロールしたいのか、子どもにセルフ・コントロールを教えたいのか？
・子どもに今この状況で何を学んで欲しいか？
・強要せずに、どうしたら子どもに教えられるか？

近い将来、お尻をたたくなどの体罰全般は過去の悪しき風習になるでしょう。

体罰を避けるべき10の理由
(原典：フィル・E・クイン著『Spare the Rod』)

1・体罰を与えると、「年齢を問わず、意見が合わなかったときの解決方法として、恐怖、痛み、脅し、暴力を使ってもかまわない」というメッセージが伝わる。

2・子どもに何かを教えるにあたり、危険や害を与えず、暴力も伴わない方法のほうがより効果的なので、体罰は必要ない。

3・しつけと罰を混同している親が多い。しつけは教えるため、罰は管理と懲罰《ちょうばつ》のためにある。特に幼い子どもは罰が必要になるようなことはしない。失敗したら、適切な行動を教える（＝しつける）という対応がふさわしい。

4・体罰は、より良いコミュニケーションを通して問題を解決する機会を奪う。体罰を使う人は、力に頼らない方法を学ぶ努力をほとんどしない。

5・体罰を受けた子どもは、暴力も愛情表現のひとつだという印象を持つ。本当の愛情は暴力を伴わない。

6・問題は体罰では根本的には解決しない。多くの場合は問題をより悪化させる。

7・体罰は危険である。さらなる暴力に発展し、ときには誰かの死に至ることもある。また身体的、精神的、感情的なダメージを引き起こしやすい。

8・体罰は子どもを攻撃的にし、学校や地域での破壊行為の原因にもなるという調査がある。暴力は、さらなる暴力を生む。

9・体罰は子どもの集中力をそぎ、学ぶことを困難にする。

10・体罰を与えることは、子どもの公平な庇護の権利の侵害である（アメリカでは合衆国憲法第14修正箇条1項が保障している）。

ご褒美

ジェイソンの成績表に「D」を見つけた父親は、「勉強してBを取ったら、ご褒美に10ドルあげるよ」と約束した。

愛情表現をご褒美にしたり、モノやお金を報酬にして子どもの行動を正そうとするのは逆効果です。ご褒美も罰と同様に、子どもをコントロールするものです。ご褒美を受け取ることで、親や教師などの権威的な立場にある人に、課題に取り組むモチベーションまで依存してしまうことになるのです。

ご褒美の効果は、長い目で見て、子どもの行動が改善したかどうかで判断されます。でも、ご褒美それ自体が行動を変えることはないのです。

この点はよく誤解されています。例えば、今まできちんを宿題をするたびにご褒美をもらっていたとします。でも、たまたま親が外出中で家にいなかったらどうなるでしょう。ご褒美をくれる人間がまわりにいなければ、子どもは親に期待されるような行動（この場合は宿題をする）を自ら選ぶ理由がありません。

また、子どもの行動を長期にわたって親の望む方向に変えていくためには、ご褒美をどんどんアップグレードする必要があります。

さらに、子どもに「〇〇したらおもちゃをあげる」と約束すると、そのアクティビティに取り組む子どもの動機や態度を変えてしまうのです。ご褒美がもらえるとなれば、子どもはどうしたらより良いものを、より多くもらえるかということにフォーカスします。そうすると、子どもにとって努力をする一番の理由であるはずの、自分自身の内的な達成感や満足感を育てることができません。

自分は価値のある存在だという感覚を育もうとする際にも、ご褒美は逆効果です。ご褒美に慣れてしまうと、逆に「ご褒美がなければ（＝自分の得になることがなければ）何もする必要はない」という解釈につながってしまうのです。

大人であれば、見返りを期待せずに誰かに何かをしたときに、貢献できたという嬉しい気持ちとともに自分の価値を感じるでしょう。でも、今の社会は、幸せを感じるためにはとにかくモノが必要だというメッセージであふれています。子どもたちも、そういった価値観に影響されています。人生は「自分に何のメリットがあるのか？」ということだけではありません。

さらに、自己価値という感覚を育てることは、健全な精神衛生のためには必要不可欠です。利他的な行動は、心を豊かにします。子どもの行動をコントロールするためにご褒美をあげると、子どもが心から「こうしたい」と感じて自ら行動する機会を奪っていることになるのです。

自分の利益だけを考える大人になってしまうと、こんなことも起こり得ます。

ある日ガソリンスタンドの前で、そこに通りかかった車が発火しました。炎が車を包み込みます。車の中にいる運転手が自分の上着で火を消そうと必死になっているときに、ガソリンスタンドの店員が消火器を片手にやってきて、「20ドル払えば消火器を貸してあげるよ」と言ったのです。店員の非人間的な振る舞いに非難が殺到しました。

この話の教訓は、自分のメリットにフォーカスしすぎると、人として正しいことは何かを見極める力も失われてしまう、ということです。もしあなたの子どもが、このようなことを実際に体験したとしたら、どのように行動してほしいでしょうか。

現代社会のほとんどの人は、給料という名のご褒美のために働いています。給料をもらえないとしたら、大半の人は会社に行かなくなるでしょう。多くの人にとって、給料は仕事をする唯一の理由だからです。確かに、給料は自分と家族を経済的に支えるものであるため、単なる物質的なモノよりもより価値があるように見えます。

でも、仕事から金銭面以外の部分で満足感を得ている人は、仕事が好きでない人よりも幸せで、健康で、生産的であることはよく知られた事実です。仕事を通して精神的に充足している人は、自己肯定感も健全に保たれるし、心から充実した生活を味わえるからです。

子どもが大きくなったら、仕事を通して物質的にも精神的にも満たされて幸せになってほしいと感じる親は多いのではないでしょうか。

放任的な子育て

ジェイソンが父親に「D」のある通知表を見せたところ、父親は「大丈夫さ、次はきっともっとましな成績が取れるよ」と言いました。

罰やご褒美が好ましくないのであれば、子どもには好きなようにさせるべきでしょうか？　自分の行動に責任を持つことを教えなくてもいいのでしょうか？

放任タイプの親は、子どもの成績や交友関係、子どもがどこにいて何時に帰るのかということを気にかけません。毅然とした態度が求められる場面で、簡単に折れてしまいます。

放任的な態度で子どもと接していると、（親は本当は子どもを気にかけていても）子どもは「自分のことはどうでもいいんだ」と思ってしまいます。

その結果、他人からの関心を求めるようになります。10代で妊娠してしまう女の子の中には、愛情に飢えている子も多いのです。親の目から見ればとてもそうとは信じられないような反抗的な行動を取っていても、子どもは明確な制約やルールや愛情を求めています。

親が子どもを甘やかしていると、子どもは親や自分自身を尊敬しなくなります。子どものしたいようにさせていると、子ども自身の自己肯定感も低くなってしまいます。子どもは、本当は自分の好ましくない振る舞いを親に許容してほしくないのです。

争いを避けるために、親が放任的になることもあります。確かに子どもに好きなようにさせれば、その場での争いは避けられます。でも長い目で見れば、より大きな問題を引き起こすことになり、あとになってから対応しなければならなくなります。

放任的な親は、充実した人生を送るために必要なスキルを子どもに教えることができません。子どもの失敗は、次にどうすればうまくいくのかを教える絶好の機会です。失敗をそのままにしたり、子どもとそれについて話をしなかったりするのは、子どもに学ばせる貴重な機会を逃すことになります。放任的な子育ては、親の意図とは逆の効果をもたらすのです。

ある母親は、留守番電話に残された学校からのメッセージで、15歳になる娘のジェシカが5日続けて学校を無断欠席していたことを知りました。ジェシカに真偽を問い正したところ、出欠を取る生徒が間違っただけで、ちゃんと学校に行っていると主張しました。母親はそれを聞いて安心しました。頭が良くて責任感のあるジェシカが無断欠席するなんて想像できなかったからです。

数日後、母親はジェシカがいつも疲れて不機嫌でいることに気がつきました。ジェシカに体調はどうか聞いたところ、勉強がたくさんあって疲れているのだと言いました。母親は不安になりましたが、娘に「信頼されていない」と思われるのが嫌だったので、それ以上何も聞きませんでした。

それから徐々に、ジェシカは反抗的で非協力的になり、親とよく言い争いをするようになりました。成績はまだBを保っていたものの、ジェシカの無断欠席を知らせる学校からの電話も頻繁になりました。

家での雰囲気も険悪になってきました。母親は娘にどうしたのかと問い詰めたり、別のときには、「この時期を乗り切れば問題もなくなるだろう」と考えて放っておいたりと、一貫した態度で接することができませんでした。

ついにある日、ジェシカは妊娠していて、そのために学校にもあまり行っていなかったことを打ち明けました。

この母親は放任的で規則をつくらず、また争いを避けるために子どもときちんと向き合っていませんでした。ジェシカが送っていた「SOS」に対して、嫌がられても毅然とした態度で状況を把握し、適切な対応をするべきだったのです。娘を愛していましたが、思春期に子どもが必要とするような、意思を持って子どもに関わり続ける強い親ではありませんでした。

民主主義的タイプ

ジェイソンはDのついた通知表を父親に見せました。

父親　「Dについてどう思う?」

ジェイソン　「満足していない」

父親　（興味深そうに）「Dはちょっと不本意だよね」

ジェイソン　（不満げに）「分数はきらいだよ。バカみたいだ!」

父親　「手助けが必要かな?」

ジェイソン　「わからない……」

父親　「じゃあ、前からやりたがっていた、スケートボード用の坂をつくるのを手伝おうか。そうしたら難しい分数に取り組む練習になるよ」

ジェイソン（目を輝かせて）「ええ、ほんと！　いつつくる？」

他のふたつの子育てスタイルの会話と比べると、民主的なスタイルのコミュニケーションは、特に最初は忍耐力も時間もかかります。

でも、子どもについて、良い悪いといった価値判断をしないため、子どもとの結びつきをより確かなものにします。価値判断をせずに子どもを理解しようと努め、無条件の愛情を注いで健全な自己肯定感を育み、親子ともに満足するような方法を探します。子どもの感情や欲求を気にかけることで、子どものやる気を引き出すのです。

また、子どもはセルフ・コントロールのスキルや、自分の内的な価値観にしたがって行動することを学んでいきます。つまり、自分の責任において、状況に応じて適切な行動ができるようになっていくのです。また、内なる声に真摯《しんし》に耳を傾け、自分自身こそが幸せの源だということを会得していきます。

このスタイルで育てられた子どもは、他人と尊敬や協力に基づいた親密な関係を築く喜びを味わうことができます。民主的な子育てをするためには、親子の間でお互いを尊重する気持ちがとても大切です。

子どもが親から尊重されていないと感じれば、親が子どもに協力してもらおうと思っても難しいでしょう。

現代においては、子どもから親への尊敬の念は、要求したり期待したりするのではなく、時間をかけて培うべきものです。子どもに自分の権利を尊重してほしいと思ったら、一番の近道は子どもの権利を尊重することです。例えば、子どもが親の部屋に入るときにノックしてほしいと思ったら、親がまず子どもの部屋に入るときにノックして、子どものプライバシーを尊重していることを示しましょう。

民主的に子育てをするためには、注意深く考えることが必要になります。

私は4時間も車を運転して、継子たち（血縁関係のない娘たち）に会いに行きました。夫と息子のタイラーは少し前に出発していました。私が到着すると、夫と継子のひとりが家に入るところでした。私がふたりとハグをし、「タイラーはどこ?」と聞くと、「彼はまだ車の中にいるよ」という返答。車に近寄ってタイラーにもハグをしようとすると、タイラーは「何であの子に先にハグしたのさ」と言ったのです。

「ハグで愛情を示してほしいみたいね」と言うと、タイラーは「そうだよ。彼らは僕のことがきらいなんだ。ここにいたくない」と言いました。「家にいたら、パパを独り占めできるね。でもここでは、あの子たちはあなたのことを好きじゃないし、パパも独り占めできない。私もそんな気持ちになることがあるよ」という私の話を聞いて、タイラーは少しほっとしながら「そうなの？」と尋ねました。

私は「あの子たち、どうして私たちのことを受け入れないんだと思う？」と聞いてみました。タイラーは「僕たちがあの子たちのパパを取っちゃうと思うからじゃない」と言いました。「きっとそうね」と私は同意して、タイラーをぎゅっとハグしました。彼は少しの間そのまま私にハグされていましたが、そのうち「そろそろ、中に入ろうよ」と言いました。

この同じシナリオを、私が（勇気をくじかれているときにやりがちな）強要するような方法で対応したらどうなったでしょうか。次のように言っていたかもしれません。

「どうして僕に先にハグしなかったの？」とタイラーは説明を求める。「車の中にいるって知らなかったからよ。さあ、急いで。中に入らなくちゃ」と厳しい顔をして私は答える。タイラーが「中に入りたくない。きらわれているんだ」と言えば、私は「タイラー、靴をはいて行くのよ」と要求する。「嫌だ、入らないよ、どんなことをしても！」タイラーはきっぱり言う。

私は憤慨しながら「勝手にしなさい！　私は先に行くからね」と言い、お互いに腹を立てて、理解されていないと感じたまま、家の中に入っていく……。

親の世代の多くは権威主義的な方法で育てられているので、このような対応をしてしまいがちです。でも、この方法では親子関係において双方が求めている親密な関係を築くことは難しいのです。

民主的な親になる方法

1　どうしたらいいかわからないときは、一歩引いてみること。無理に解決しようとしないこと。力で押し通そうとしても、親密で協力的な関係は築けないと肝に銘じること。

2　子どもは「悪い子」ではなく、また「悪いこと」もしていないと認識する。あなたがあなたであるように、子どももただあるがままの自分でいる。あなた自身が好ましくない行動を取ったとき、それはあなたが「悪い人だから」でも「悪いことをしたから」でもなく、自分の欲求をうまく満たせていないから。子どもの欲求に対して、自分の欲求に対するのと同じだけの敬意を払うこと。

3 「私が子どもだったとき、同じような状況で親にどのような対応をしてもらいたかっただろうか？」と自問する。

4 この本で紹介しているさまざまな方法を試してみる。パートナーや友人、職場の同僚と、どのような解決策があるかアイディアを出し合う。周囲の親が子どもとどのように接していて、子どもがどのような反応をしているかを観察する。

5 よりポジティブな代替案を試して、もし子どもが好意的な反応をしたら「良かった！やればできる！」と喜ぶこと。思うような結果が得られなければ、次回に試したいことを考えて、トライし続けること。

6 子育てのクラスを受講したり、本を読んだり、カウンセリングを受けるなどして、自分自身や子ども、パートナー、その他の人々を無条件に愛せるように努力をする。

7 新しい方法を試してみて、すぐにうまくいかなくてもあきらめないこと。習慣を変えるためには練習が必要であり、簡単にできることもあれば、時間がかかることもある。ネガティブなセルフ・トークに気をつけて。

新しい靴は固くて最初は居心地悪く感じるように、新しい方法が自然にできるようになるには時間がかかるものです。

子育てのスタイルも同様に、慣れるまで粘り強さが必要です。最初は不自然に感じたり、思うような効果がないと感じたりすることもあるでしょう。根気よく実践を重ねることで自信がついてきます。失敗しても自分に優しくすることを忘れずに。

時間とともに、なんとか子どもに言うことを聞かせようと躍起になっているときに、ふと自分で「また昔のパターンにはまってしまった」と気がつけるようになります。それは成功への第一歩です！

子育ての目的を忘れない

子育ての目的は、自立した大人に育てることです。

自立とは、親や教師など権威のある人がいないときでも、子どもが自分の責任でどう振る舞うかを選択できることを意味します。子どもが自分の選択についてより意識的になるために、親はいろいろなことを教えていくのです。

自分の選択で行動した結果によって、嬉しい、悲しいといった感情を経験します。この経験を何度も続けることで、子どもが自分の行動をコントロールすることを学んでいき、同時に自己肯定感を高めることにつながります。

子どもが困った行動をするときは、勇気をくじかれ、無力に感じているときです。そんなときに、力で押さえつけるような方法や、子どもに「自分は悪い」と思わせるような権威主義タイプの子育てをすると、子どもの自己肯定感は下がります。すでに悪いことをしてしまったと思っている子どもに対して、さらに勇気をくじくようなことを言って罰することに意味はありません。

一方で、放任タイプの親が子どもの困った行動を無視したり、子どもにさまざまな状況に対応する新しいスキルを教えないで放置していると、子どもは無力感をさらに増幅させることになります。

親の価値観

親の価値観は、子どもに大きな影響を与えます。子育ての場面においても、自分の親に育てられた方法を知らないうちに実践しています。意識して自分自身の価値観を選ばない限り、親の、あるいは社会で常識と思われている価値観を無意識に受け入れているのです。

「価値観」とはどういう意味でしょうか？

辞書によると、価値観とは、1．社会の基準や目的、または個人の基準、2．望まれたり尊重するに値するもの、という意味です。親が大切だと感じている価値観にはどんなものがあるでしょうか。ほんの一例をあげてみましょう。

・正直でいること
・家族を大切にすること
・楽しむこと
・健康的な生活をすること
・一定の収入を維持すること
・良い教育を受けること

親がこれらのことに重きを置いていたら、それが自然と家族のあり方に反映されるでしょう。親が大切だと考える価値はたくさんあります。日によって気持ちが変わることもあるでしょう。**親の価値観に変化があると、決断や行動も変わってきます。**※その結果、それまでとは違った経験をします。

また、新しい経験によって価値観が変わることもあります。運転中にスピード違反

※例えば、子どもに中学受験をさせるのが当たり前という価値観で生きてきた親が、「教育虐待」という言葉を耳にしていろいろと情報収集をした結果、勉強を強要するようなやり方は適切でないと感じ、今までの価値観を変えて、子どもに対するアプローチを変えるなど。

で捕まったら、制限速度を守るようになるでしょう。親しい友人が不意に亡くなったら、大切な人にもっと気持ちを伝えようと思うかもしれません。

そして、大切にしていることには優先順位があります。例えば、ある親は無意識のうちに、家族との時間よりも仕事に重きを置いていました。子どもたちは親の注意を引こうと何かネガティブなことをします。パートナーも同様で、わざとけんかをふっかけるような言動を取ります。そうすると、家庭の雰囲気はぎすぎすして緊迫したものになります。

もし親が優先順位を見直して、仕事よりも家庭を優先するようになれば、家族も父親の仕事に対してより理解を示すようになり、家庭が安らぎの場になるでしょう。

自分がどんな価値観を持っているかを知りたかったら、普段の生活を観察してみることです。家庭の中で大切にされていないと思ったら、自分のエネルギーや時間をどのくらい家族のために使っているか考えてみてください。何に時間やお金をかけているかということも、自分が大事にしていることに気づくヒントになります。

自分の価値観に気づくには、正直になることが必要です。

例えば、健康でストレスの少ない生活が大切と言いながら、収入が減ることを恐れて、とてもストレスの多い仕事を続けている場合もあります。また、子どもがテレビを見すぎないことが大切と言いながら、親の時間を捻出するために、長時間テレビをベビーシッター代わりにしているかもしれません。

言葉よりも行動が何よりの証拠です。自分の生活を正直に観察して、本当の優先順位に気づきましょう。もし気に入らない部分があれば、自分の価値観と行動を変えることができます。

価値観を教える8つの方法

1　どんな価値観で生きたいか決める

家族にとってもっとも大切なことのトップ10リストをつくる。このリストは、子どもに学んでほしいことをより明確にする。

2　価値観に沿ったルールを決める

1で出てきた優先順位に従って、家族のルールを決める。例えば、全員そろって食事をすることが大切だったら、食事中のテレビや電話などを排除し、家族全員がその場にいることを決める。音楽のある人生が大切であれば、子どもを音楽教室に通わせることを検討する（その際、子どもが自発的に練習するように、どの楽器が習いたいか選ばせること）。

3　自己観察を怠らない

日々の忙しさにかまけて、2で決めたルールを曲げたりしてしまうかもしれない。でも、もし家族と一緒に過ごす時間を率先してつくろうとしなければ、他の家族のメンバーも、それにさほど価値を置かなくなってしまう。そうなると、家族がバラバラになってしまい、元に戻すことは難しくなる。家族で話し合って決めた理想の形を常に意識して、そのための習慣を維持する努力をすること。

4　価値観を体現するような行動をしたら、それを言葉でも表現する

自分の行動について子どもに話すこと。価値観に従った行動をするときの気持ちを言葉で表現する。例えば、「今日は教会でみんなにあいさつすることができたの。みんなにいい気分になってもらえて、私も嬉しかった」など。

5　子どもに教える機会を逃さない

自ら経験したことや、テレビ、本、新聞などの情報源から、大切だと思う価値観にまつわるストーリーを見つける。私の息子はアメリカン・フットボールが大好きなので、夫は息子に、プロのフットボール選手が書いた本を買い与えた。その本を書いたアメフト選手は、夢が実現するまで頑張ることの大切さや、忍耐、謙遜、仕事と家庭生活のバランスを取ること、そして良い教育について本の中で語っている。

また、周囲の人たちの模範となる行動について指摘する。例えば、私は子どもたちに嘘をついたことを謝った友人の話をした。彼女にとって、謝罪はどれだけ勇気のいることだったかを話し合い、また彼女をもっと信頼するようになったと話した。

6　優先順位をつけることを教える

子どもは、友情と良い成績のどちらも大事に思っていた。勉強している最中に友だちが電話をしてきたら、その時点ではどちらがより大切なのか選択する必要がある。

7　子どもがあなたの価値観を大切にしていなかったら自問すること

・子どもに明確なメッセージを送っているだろうか？

（例）週に3日は「テレビなしの日」を実践したいと思っていても、家族にテレビを消すように言うことは滅多になかった。自分の希望を具体的に伝えていない。

・自分の言葉と行動が合致しているか？

（例）父と娘が買い物をすませてお店を出ようとしたとき、店員がおつりを間違えていたことに気がついた。彼がレジに引き返そうとすると、娘は「おつりが1ドル多かっただけなのに言いに行くの？」と聞いた。父親は「正直でいることは、それ以上の価値があるからね」と応えた。もし、口では正直さが大事と言いながら、この場面で引き返さなかったら、子どもには伝わらない。

・自分の価値観を共有して欲しくて、子どもをコントロールしすぎていないだろうか？　あまり押し付けすぎると、子どもと主導権争いになることがある。

・思春期の子どもが親の価値観に反抗している場合

自分自身が大事にしていることについて考えるのは、子どもが成長する過程において重要なステップである。親の価値観のすべてを受け入れられないかもしれないが、それでも多くの価値観を自分のものとして内面化する可能性は高い。

8　親が感じているジレンマについてシェアする

子どもに、価値観を守ろうとするのが大変なときもあると話す。

（例）「会社のお金を節約するために、上司から実行しなさいと言われている案がある。でも、環境に悪影響があるので、自分はその案を採用したくないと思っている。自分の信じるほうを選んだら、上司からの評価が下がるかもしれないから、どうしたらいいか本当に困っている」

親も価値観について悩んだり考えたりすることを子どもに話すと、子どもも自分自身の価値観について考えるようになる。また、子ども自身が悩んでいることがあったら、そのようなジレンマを抱えるのは自分ひとりではないと感じるだろう。

親が大事にしている価値観について、いろいろなアプローチで子どもに伝える工夫をしましょう。ありきたりのお説教をしたり、命令したり、「みんなそう思ってるよ」といった言葉かけは逆効果です。

自分にとって何が大切かを考えて、明確な価値観を意識できるようになれば、さまざまな状況で適切な選択ができるようになります。逆に、明確な価値観を持たないままに生きていくと、場当たり的な判断をするか、自分のものではない価値観で判断せざるを得なくなります。

親が自分の価値観を大事にすることで、子どもは親を尊敬するようになり、また自分の大切にしていることも尊重できるようになるのです。

価値観をめぐるアドベンチャー・ゲーム

家族の大事な価値観をより明確に意識するために、次のゲームをしてみましょう。

1 日曜日に、その週に大切にしたい価値観を選び、紙に書いて冷蔵庫など家族のみんなに見えるところに貼っておく。

2 1週間、その価値観に基づいて行動する。

3 週末の家族団らんのときなどに、1週間どんな出来事があったか、それぞれの体験をシェアする。

4　その価値観は、家族みんなにとって、ずっと維持したい大切なものかどうかを話し合って決める。他にどんな方法で、その価値観を体現できるか話し合う。

5　翌週に、前の週とは違う新しい価値観を選んで実践する。

ある家族は、1週間のはじめに「お金の管理をきちんとする」という価値観を選び、まず家族で予算をつくりました。

ある子どもは、フットボールかスケートボードのどちらを買うか難しい選択をしました。また10代の子どもは、あとで学校用の服を買うお金を貯めるために、今週はショッピングに行くのをあきらめました。就学前の子どもは、自分が集めた1セント硬貨をペットのえさを買うために寄付すると決めました。

週の終わりまでに、家族それぞれが、この価値観にまつわるさまざまな経験をしました。1週間が終わったとき、それぞれが自分の体験をシェアして、みんな興味を持って話を聞きました。

最後に、翌週のテーマになる価値観として「他の人に親切にする」を選びました。

第4章

家族のコミュニケーション

子どもは、自分のニーズを言葉だけでなく行動でも伝えています。愛情に基づいた関係を育み、親自身も良い手本を見せることで、子どもは自分のニーズを適切な形で表現できるようになります。

感情を表現する

子どものころ、怒りや悲しみといった湧きあがる激しい感情の表現を許されなかった人も多いでしょう。中には「泣きたいの？　こんなことで泣くなんて！」などと言って、子どもをぶったり暴言を吐いたりする親もいます。

自分の感情のコントロールが苦手なタイプの親は、子どもが激情をあらわにしていることに対しても上手に対応できません。どうしたらいいかよくわからずに不安になるからです。感情を露骨にあらわにすることは、自分をコントロールできない弱さだと考えられてきたのです。

英語の"vulnerability"（ヴァルネラビリティ）という言葉を辞書で引くと、マイナスの意味が書かれています。1．攻撃されやすい・傷つきやすい、2．批判や誘惑や影響に弱い、などです。

このような意味の言葉に、自分があてはまるとは認めたくない人がほとんどでしょう。**ヴァルネラビリティ**※という言葉には、オープンであること、正直に感情を表現できること、という新しい定義が必要です。

この社会では、理解できないことは批判され、排除される傾向があります。理解できない、未知のことは恐怖につながるからです。

それと同様に、感情の扱いを知らずに生きてきた親は、子どもが感じるさまざまな感情を否定します。例えば、上の子に対して「妹を嫌いなんて言わないで」とか、自分の親との関係がいまひとつの子どもに対して「おじいちゃんがいじわるなことを言っても、嫌いにならないで。あなたのおじいちゃんでしょ」などと言ったりします。

そうしたメッセージを受け取った子どもは、自分の感情を表現するのは良くないと

※ヒューストン大学の教授であるブレネー・ブラウン（Brene Brown）は、ヴァルネラビリティ、つまり心の弱さこそが共感、つながり、そして創造性の鍵を握ると提唱している。「傷つく心の強さ」というTEDトークで有名になった。

学んでしまいます。でも感情は、それ自体は良くも悪くもなく、中立なものです。
安全で適切な方法で心ゆくまで感情を表現させましょう。そうすれば、子どもの困った行動の多くを、別の方向に導くことができます。

感情の表現を抑圧するもの

子どもの困った行動は、表現することを許されずに溜め込まれた感情によって起こります。親の反応ひとつで、子どもは自分自身を守るために、感情を表現することにブレーキをかけてしまうのです。

感情表現のブレーキになるもの

・怒る
・子どもに代わって問題を解決する
・親の道徳観をくどくど説明する
・からかう
・決めつける

・否定する
・お説教する
・アドバイスをする
・恥をかかせる
・皮肉を言う
・子どもの気持ちを矮小化する
・罪悪感を味わわせる
・レッテルを貼る
・罰する
・同情する
・世話を焼きすぎる
・途中でさえぎる

また、親が気持ちの表現を否定するような言い方をすると、子どもの感情は押しつぶされてしまいます。

「おなかが空いているなんてありえない！　今さっき食べたばっかりだよ」

「ママは（あるいはパパは）数日間、留守にするだけだから、悲しくなんてないよ」

「もう大きいんだから泣かないでよ」

「そんなのたいして痛くないでしょう」

「それは本当にあなたがやりたいことじゃないはずだよ」


このような言葉は、子どもが感じていることを完全に否定します。そして、子どもには、自分では正しく判断できないという気持ちが芽生えます。激しい感情の最中にいるときにそう言われてしまうと、子どもは何をどう考えたらいいのかわからず、混乱してしまうでしょう。

子どもの感情を抑圧するひとつの理由として、親が自分の感情を扱いかねているからということが考えられます。自分の感情を自覚している親は、子どもが表現する激しい感情や「不愉快な」感情も含めて、愛情を持って受け止められます。

親が子どもの感情を抑圧すると、何が起こるでしょうか。子どもは、感じている気持ちをそのまま表現するのは良くないのだと考えて、感情を押し殺すようになります。それが子どもの自衛の策なのです。

あるとき私は、母親と太り気味のまだ小さい男の子がレストランで食事をする光景を目にしました。母親はひっきりなしに男の子に小言を言っています。母親が何か言うたびに男の子は食べ物をすごい速さで口に入れていました。その子どもは食べ物と一緒に、感情も詰め込んでいるように見えました。

また、溜め込まれた感情がストレスになって心身ともに不調をきたす場合もあることが近年明らかになってきました。親に押さえつけられて感情を表現できない子どもは、その欲求不満を年下の兄弟や、ペットやモノにぶつけるかもしれません。極端なところまで悪化すると、精神的な病気になることもあります。

抑圧された感情は行き場を失い、消えてしまうことはありません。一方で、感情は表現することで発散されます。

感情表現を促すもの

ブレーキをかけるのとは反対に、子どもの感情表現を促すこともできます。

・集中して話を聞く
・「どういう気持ちになる？」と問いかける
・「そうなんだ、もっと話してくれる？」など、子どもの気持ちを受け止める
・「それだったら怒るのも無理ないねえ」など、感情に寄り添う
・「もし自分がその立場だったら同じように感じるよ」と共感する
・「そんなふうに感じるのははじめて？」と好奇心を持って探求する
・「もし～だったらどうなる？」など、問題解決の助けになるような質問をする
・子どもの表現に対して、「～がこうだったらいいのに、ということがちゃんとわかっているんだね」など、勇気づけることを言う
・場合によっては、子どもが「自分ひとりだけじゃない」と感じられるように、似たような自分の体験を話す。（例）「自分もそのくらいの年のときには、女の子をデートに誘うのが大変だったよ」

また、ここが大事なポイントですが、子どもが感情を表現したときに、言葉をかけるよりも前に、まず子どもの感情を認め、肯定し、あるいは共感することが大切です。

理解され、受け入れられたと感じることは、子どもが激しい感情を消化する過程で非常に重要だからです。子どもが「わかってもらえた」と感じていないままに、解決策を見つけることに重きを置くと、子どもはより欲求不満が溜まったり、防御的になったりしやすくなります。自分の感情を表現することをやめてしまうかもしれません。

離婚が子どもに与える影響

離婚を経験した親にとっては、離婚が子どもに与える影響がどんなものかを認めたくないかもしれません。でも、親が離婚したことに対して、子どもは怒りを感じる権利があります。子どもにとって、自分の愛するふたりの大人に仲良く一緒に暮らしてほしいと思うのは自然なことです。

子どもが怒りを表現することを許しましょう。それと同時に、離婚について罪悪感を感じたり恥ずかしがったりするのは避けましょう。

クリス　「ママ、パパと離婚したことについて僕は本当に怒っているんだよ！」
母親　「クリス、それはよくわかる。離婚について、一番腹が立つことは何？」

クリス　「ふたつの場所に住むなんて嫌だ。自分の家がどこだかわからない」
母親　「そうね、家がふたつあるなんて混乱するわね」
クリス　「そうだよ」
母親　「他には何に腹が立つの？」
クリス　「こんなに離れているのも嫌だ」
母親　「そうね。車に乗ってパパに会いに行けたらいいわね」
クリス　「そうだよ！」
母親　「他に何か聞きたいことや、言いたいことはある？」
クリス　「まだパパのこと愛しているの？」
母親　「うん、まだあなたのパパのことを深く愛している部分がある。あなたのパパのことを尊敬もしているけど、結婚を続けたくはないのよ」
母親の正直な答えに満足して、クリスはにっこりして母親におやすみのキスをした。

母親は息子に、両親の離婚についてどう感じているかを自由に話すように促しました。また、会話の中で罪悪感や恥ずかしさを感じたり、誰かを責めたり、言い訳したたりしませんでした。

ほとんどの場合、親の仕事はただ注意深く話を聞き、子どもを抱きしめて、理解を示すこと、それだけです。子どもの問題を解決しようとしたり、行動を正そうとしたり、子どもの気持ちを変えようとすると上手くいきません。

癇癪《かんしゃく》を起こす理由

小さな子どもは、さまざまな理由から癇癪を起こします。

- 基本的なニーズが満たされていない
- 主導権争いに勝ちたい
- ルールに反抗したい
- イライラしている

癇癪を起こしている子どもは、適切なコミュニケーションの方法を知らない場合もあれば、もっと効果的な方法を知っていても、その方法でコミュニケーションを取りたくないという場合もあります。

癇癪を起こしている子どもに対して、親が冷静に対応できないのはどうしてでしょうか。親には「物事をコントロールしたい」という欲求があります。子どもが癇癪を起こして、親の言うことを聞かなくなると、コントロールへの欲求が満たされなくなります。その結果、子どもに対して腹を立てて、できるだけ早く静かにさせようとするのです。

癇癪を起こしている子どもをコントロールしようとしても、あまりうまくいきません。その代わりにすべきことは、どうして癇癪を起こしているのかを理解して、子どものニーズを満たすことです。

癇癪への対応法

子どもが癇癪を起こしている最中は、物理的にも感情的にも子どもを優しく扱うことに気をつけましょう。罰する、脅す、言い争う、議論するなどは極力避けてください。そして、公共の場で対応するのではなく、できればよりプライバシーを保てる場所に移動しましょう。

時間をかけて子どもが発しているサインを解読すれば、より適切な対応が可能になります。おなかが空いて疲れていたり、あまり具合が良くない子どもと落ち着いて話すことは難しいでしょう。まず子どものニーズを満たすことが先決です。

子どもは、ときには親の本気度を試そうとします。そんなときは、話し合い自体が逆効果になることもあります。一方で、イライラしていたり、無力感を感じていたりする子どもには、話し合うことは有効な解決策になり得ます。

子どもの状態に応じた対処法

疲れている場合

・休ませる
・できるだけ少ない言葉で接する（話すことで主導権争いになる可能性が高いため）
・子どもをハグする

（例）子どもを寝室や静かにできる場所にすみやかに連れて行く。

おなかが空いている場合

・空腹を満たしてあげる
・できるだけ少ない言葉で接する

（例）食事やおやつの時間でなくても、おなかを落ち着かせるちょっとしたものを与える。

具合が悪い場合

・休ませる
・できるだけ少ない言葉で接する
・ハグする

（例）必要に応じて医者に連れて行く。

人一倍繊細である場合

・反応の引き金になっているものを取り除く
・できるだけ少ない言葉で接する
（例）子どもの着ている服がきつかったり、暑かったりする場合にはすぐに脱がせる。
新しい環境や変化にすぐについていけない場合には、事前に声かけをしておく（「10分後に帰るよ」と伝える、もしくは「7分後に帰る？　それとも10分後に帰る？」と選択肢を与える）。

親を試している場合

・反応しない
・子どもの落ち着くスペースに連れて行く
・その場から離れる
・子どもが期待していないことをする
（例）「やっていいこと・いけないこと」のバウンダリーを子どもが試している場合には、親は「子どもは今、私を手玉に取ろうとしているな」と感じるのでわかる。挑発にのってけんかに発展させないこと。

無力感でいっぱいになっている場合

・子どもが落ち着くまで話をしない
・子どもの怒りの感情を受け止める
・ウィン・ウィンの話し合いをする
・子どもと一緒に解決策を出し合う
・子どもに主導権を与える
・（話し合いが難しい場合）「なんでも望みがかなうとしたらどうしたい？」と語りかける

（例）

・「気持ちが落ち着いたら話そうね」
・「怒っているんだね」
・「どちらの要望も通るようにするには、どうしたらいいかな？」
・「どんな解決策があるか、紙に書いて考えてみよう」

・「今、一番何がしたいのかな？」
・（なんでも望みがかなうとしたらという想定で）「アイスクリーム、食べたいね。どの味にする？」

いっぱいいっぱいになっている場合

・子どもに多くのことを期待しすぎていないかどうか自問する
・しなければならないことを小さなステップに分解する
・子どもが理解して、すぐにできるような指示をする

（例）大量の宿題を前に子どもがやる気をなくしている場合には、10分集中して取りかかり、5分休むといったサイクルを設定して繰り返すという方法を試す。

コミュニケーションスキル

子どもが母親のアクセサリーを持ち出して遊び、元に戻さないということが続きました。母親はアクセサリーがあるべき場所にないことに腹を立てて、子どもに「ちゃんと元に戻さないなら、もう部屋に入れないように鍵をかける」と伝えました。でも、このアプローチでは、子どもは母親に対して逆ギレするか、無視するかもしれません。

例えば、こんな伝え方はどうでしょう。

「あなたがアクセサリーを借りっぱなしにしていると、使いたいと思ったときに見つけられなくてイライラするの。だから、今度からちゃんと元に戻してね。あなたがおしゃれをするのが好きなのはとてもよくわかるわ」

これは「アイ・メッセージ」と呼ばれるコミュニケーションで、次のような構造になっています。

私は〇〇だと感じている（イライラしている）
あなたが△△するとき（アクセサリーを使ったあとに、元に戻してくれない）
あなたにしてほしいことは□□（アクセサリーを借りたあとは元に戻すこと）
あなたの◇◇なところが好き（おしゃれが好きなところ）

このコミュニケーション方法を試しても効果がないときは、第7章に出てくる「論理的な結末」を試してみてください。

子どもに話しかけるときには、顔の表情やボディ・ランゲージに注意を払いましょう。

また、子どもが心を閉ざさないコミュニケーションが求められます。子どもが言い訳をしたり、あきれた表情をしたり、静かになったりしていたら、防御的になっているサインです。そんなときは、子どもとの心のつながりを取り戻すことから始めてください。まず子どもの心を勇気づけて、オープンな雰囲気をつくってから、自分の気持ちや子どもにしてほしいことを話しましょう。

家族会議をする

ひとつ屋根の下で一緒に住むと、いろいろな問題が起こります。そのため、家族みんなで協力し合うことが必要です。

週に一度は、家族会議をしましょう。子どもたちは家族の重要な意思決定に参加できるし、また家族の一員として責任感も生まれます。「何を言っても大丈夫」というオープンな雰囲気の中で、みんながそれぞれの気持ちを表現できれば、家族の支えを感じられる良い機会になります。

その場で率直な気持ちを表現するためには、誰に対しても批判的なことを言わないというルールが必要です。毎週決まった時間に、家族会議を行います。この会議は家族の大切なコミットメントです。会議をしたりしなかったり、しょっちゅう時間を変更したりすると、誰も真剣にとらえなくなってしまいます。

家族会議では、例えば次のようなトピックを話し合います。

・家族みんなのスケジュールの確認
・1週間の夕食のメニューを考える
・食事の支度をする人を決める
・お手伝いの当番の確認
・親子間、兄弟間でのいさかいを話し合う
・助けが必要な人がいたらみんなでどうサポートできるか考える
・勇気づけ
・みんなに伝えたいことを発表する
・家族みんなでできる楽しい企画について考える
・これからの1週間で何を頑張りたいかを発表し、家族がどうサポートできるかを話し合う
・家計(予算)の状況をシェアする

例えば、兄弟間でけんかが起こったら、「次の家族会議で話し合おう」と声をかけます。少し時間を置くことで、けんかの状態から一歩引いてクールダウンするのが狙いです。また、親の注意を引くためのけんかを防ぐこともできます。

家族会議のガイドライン

家族会議は、方法によってはとても楽しく、また生産的な時間になります。

・When&Who……週に一度、家族みんなが集まれるタイミングで行いましょう。誰かが出席できないときにも、家族会議で決まったことを共有して実行するようにしましょう。子どもが家族会議に出たくないと言ったら、その理由を聞いてみます。家族会議は、できるだけ電話や来客などで中断させないように工夫しましょう。

・Where……ソファなどに座るよりも、みんなでテーブル（円卓）を囲むほうがいいでしょう。何かを食べたり、他のことをせずに家族会議に集中しましょう。

・How……まず司会と書記を選びます。これらの役は持ち回りにします。書記は、議題になったことや決定したことをノートに書きます。記録に残しておけば、あとから見返すことができます。

・家族会議の最初は「勇気づけの輪」から始めます。「ママの大好きなところは……」「○○ちゃんがしてくれて嬉しかったことは……」など、お互いの好きなところや感謝していることを伝え合います。子どもたちに、お互いを褒めること、また言われたら「ありがとう」と感謝するなどして、嬉しい気持ちを伝えることを教えます。

・1週間の間に出てきたトピックを話し合います（思いついたときに、冷蔵庫に貼った紙やホワイトボードなどにメモをしておきます）。話をしている人は、マイク代わりのぬいぐるみやペンなどを持ちます。それを持っていない人は、聞き役に徹して、そのときは発言しません。

・誰かに対して文句がある場合は、「どうしてほしいのか」という提案も一緒に言います。文句を言うだけでは解決につながりません。

・多数決でなく、全員で合意をするように努力します。合意ができるまでに何回か家族会議をする必要があるかもしれません。ウィン・ウィンになるような話し合いを目指しましょう。家族会議は、この交渉のスキルを養う絶好の機会です。

・翌週の予定を確認して、家族で一緒に楽しめるアクティビティを考えましょう。

・司会役の人が家族会議の最後に行う楽しいことを決めます。みんなでおやつを一緒に食べたり、ゲームをしたり、音楽を奏でたり聴いたり、あるいは本の1章を読むのでもいいでしょう。家族みんなで体験を分かち合い、ほっこりした気持ちで家族会議を終えることがねらいです。

難しい問題が出てきたら

家族会議の最中にけんかが始まってしまったら、一度話し合いをやめて、みんなの気持ちがほぐれるようなことをしましょう。「勇気づけの輪」をするのもひとつの方法です。家族会議は、みんなにとって楽しみな時間になるのが理想です。文句ばかり出るような集まりでは、誰もまたしたいとは思わないでしょう。

家族会議の最中には、難しい問題が出てくることもあります。誰かが防御的になってしまうような質問も出てくるでしょう。

お互いの気持ちがオープンになって、信頼感がわくような雰囲気をつくることが大切です。まずそういう親密な空気をつくってから、一歩踏み込んでみましょう。議題の中心になっている子どもが、自分が注目の的になっていると感じて話し合いから一歩引き始めたとしても、親密な空気のままでいられるように工夫しましょう。

例えば、兄弟げんかが起こるなどして、関係が悪くなったとき、その点について問い詰めるようなことをすると、その子どもは弱い立場に置かれたと感じるかもしれません。そうすると、心のつながりは切れてしまいます。

例を見てみましょう。

父　「ジョー、少し話せるかな?」

ジョー（不機嫌そうな声で）「え、何？」……心のつながりがない状態です。話を続ける前に、修正しましょう。

父（思慮深い声で）「ちょっと話したいだけだよ。最近ちょっと怒りすぎているかな」

ジョー「うーん、そうでもないよ……」

父（誠実な態度で）「ジョーもいろいろ考えているってことはわかっているんだよ。いつもうまく言えないんだけど」

ジョー「わかったよ。それで、話って何？」……父親が自分の非を認めたことで、ふたりの関係は少し近くなりました。

父親「みんなで使うリビングを、もう少しきれいにしておける方法を一緒に考えたいと思ったんだけど、何かいい考えはあるかな？」……心のつながりを持とうとせずに、いきなりこの質問から会話を始めていたら、ジョーは一緒に考えようという気持ちにはならなかったかもしれません。

少し練習をすれば、子どもの反応をどう解釈するべきかがわかってくるでしょう。

家族会議の最中でも、まず関係を修復すること。それが、難しい問題に対応するための効果的なツールなのです。

問題を解決するには

可能な限り、みんなが納得するウィン・ウィンの解決策を目指しましょう。子どもも大人も満足すれば、より協力的な関係が築けます。

この解決策を模索するプロセスは、時間ばかりかかって面倒くさいと思うかもしれません。でも、何回かしているうちに慣れて、短時間で効果的な話し合いができるようになります。

問題を解決するための練習問題

【問題】 3歳のジョーイは、夜中に母親のベッドにもぐり込むようになりました。母親は眠っているところを起こされるので寝不足になり、不機嫌になることが続いていました。

ステップ①

問題の解決策を相手に聞きます。

「ジョーイ、一緒に考えてほしいんだけど。今いいかな?」

ステップ②

問題が解決した理想の状態について、紙に書きます。この際、どうしてそれを望んでいるのかということも含めて、シンプルに明快に書きます。罪悪感や、相手を責める気持ちにとらわれることなく、「私は○○したい」と書きます。

「夜中にあなたがベッドにもぐり込んでくると、眠っているところを起こされてしまう。私は、あなたにも自分のベッドで寝てもらいたい」

ステップ③

相手に、この提案についてどう思うか、どうしたいかを聞きます。この情報収集は、お互いが納得できる解決策を探るために必要なプロセスです。

ジョーイは「ひとりで寝るのはさびしいんだもん。誰かと一緒に寝たい」と言います。

ステップ④

考えられる限りの解決策を紙に書き出します。どんなアイディアでも、この時点ではそのまま紙に書きます。突拍子もない案をまず書くことで、思考のスイッチを入れるという手もあります。アイディア出しの大切なルールのひとつは、どんなアイディアもけなしたり拒否したりしないこと。なんでもありなのです。もし一緒にアイディア出しをしている相手が否定的な態度を取るようだったら、一度中止して、またあとで試してみましょう。

ステップ⑤

考えつく限りの解決策を出し切ったら、そのリストを子どもに渡します。そして子どもに、いい考えだとは思わないものをすべて消去してもらいます。次にあなた自身が気に入らない解決策を消していきます（子どもがまだ字が読めない場合には、読んであげて一緒に消去をしていきます）。

ステップ⑥

残った解決策からひとつ（あるいは、合わせ技をするならば複数）を選びます。ウィン・ウィンを目指すので、ふたりともが満足するものにします。子どものボディ・ランゲージや声のトーンに注意して、本当に納得しているかを確かめます。口では「わかった」と言っても、本心ではない場合は問題は解決しません。その場合には別の選択肢を選びます。

ステップ⑦

ステップ⑥で選んだ選択肢を、あらかじめ決めたテスト期間に試してみます。うまくいかない場合は、また話し合いをします。あきらめずにポジティブな態度で臨みましょう。

母親とジョーイが考えたアイディアのリスト

・ジョーイは母親のベッドで寝る
・ジョーイは自分のベッドで寝る
・ジョーイは母親のベッドで週2日寝る
・母親はジョーイの寝室にある彼のベッドで寝る
・ジョーイは母親のベッドの横で寝袋で寝る
・ジョーイはぬいぐるみと一緒に寝る
・ジョーイは猫と一緒に寝る
・母親は赤ちゃんを産んで、その赤ちゃんとジョーイの部屋で一緒に寝る

ふたりは、この中から2つのアイディアを合体させて「ジョーイは母親のベッドの横で寝袋で週2回寝る」という解決策を導きました。ふたりともこの解決策に満足しています。

ウィン・ウィンの解決策を目指す方法は、思春期の子どもにも有効です。

【問題】15歳のタマラと母親は、タマラの帰りが遅いという問題を一緒に考えることにしました。母親はタマラの帰りが遅いと、いつも心配していたからです。ふたりで一緒にこのような解決策のアイディアを考えました。

- **時間を気にせずに遅く帰ってきてもいい**
- **11時に家に帰っていなかったら、次に夜出かける日は10時までに帰ってこなければならない**
- **家にカギをかけてタマラが入れないようにする**
- **タマラが家に帰ったときに母親を起こして、無事の帰宅を知らせる**
- **母親は寝るときに目覚ましをかける。アラームが鳴ったときに、タマラがまだ家に帰っていなかったら警察を呼ぶ**

話し合いの結果、ふたりが決めた解決策は、「母親は寝るときに11時15分の目覚ましをかける。タマラがそれまでに家に帰ってきたら、母親の部屋に行ってアラームを消す。アラームが鳴ったら、母親はタマラを探す」になりました。

第5章

責任感のある子どもに育てる方法

さまざまな状況において自分の行動を決めるのも、健康で幸せな人生を送れるかどうかも、まずは自分自身の選択から始まっています。自分の人生に対して責任を持つのは、他でもない自分だ、という意識を子どものころから育む。それは、子どもへの大きな贈り物になります。

子どもに責任感を持たせる第一歩は、生きていくうえで起こるさまざまな問題について、クリエイティブに解決する方法を考えさせることです。まずは、子どもが自分で対応できそうなことから、少しずついろいろな決断をさせてみましょう。

子どもに答えを教えるのではなく、質問をすることで、問題に対するいろいろな解決策を考えるようになります。次にその中から最適なものを選んでいくことになります。

子どもに決断する力を教える

大人になったときに最も必要となるスキルのひとつは、決断力です。

決断するための最初のステップは、出てきた選択肢を考慮すること。目先のことだけを考えれば、大人が子どものために決断するほうが手っ取り早いでしょう。また、子どもが2歳であれば大人が代わりに決めることも多いはずです。でも、子どもが5歳になるころには、自分で決められることも増えてきます。子育ての目的は、親の助けが必要ないように自立させること、というのを忘れないでください。

夜、ベビーベッドに入れられた幼児が叫んでいました。父親がドアのところで、「もし叫び続けるのだったら、ドアを閉めるよ。もし叫ぶのをやめるのだったら、ドアは開けておこう」と語りかけました。
幼児は少し考えてから、ベッドの上に座って、静かに本を眺め始めました。父親はドアを開けたままで、隣室で仕事に戻りました。

7歳の男の子が「このキャンディ、お葬式に持って行ってもいい？」と叔母さんに聞きました。彼女は「お葬式の会場について、ちょっと考えてみて。そこは、静かな場所で、亡くなった人にお別れを言うところなの。キャンディを持って行きたいかどうか、決めたら教えてね」と言いました。

男の子は少し考えたあと、やっぱりキャンディは持って行かないことに決めました。

10代の男の子は、夜の9時に友だちの家に行ってもいいか、母親に尋ねました。母親は「宿題もやっていないし、遅いからダメ」と言いたい衝動にかられましたが、ぐっとこらえて、代わりにこう言いました。

「宿題に必要な時間と、睡眠に必要な時間を考えて決めてごらん」

男の子は、友だちの家に15分だけ行くことに決めました。もし母親が頭ごなしに「こうしなさい」と命令していたら、出かけたまま夜遅くまで帰ってこなかったかもしれません。男の子は自分で決めるという機会を与えられて、責任のある決断をしました。

これらの例では、親は子どもに自分で考えて決めさせています。子どもの年齢によって、考慮すべき事項はさまざまでしょう。

大人が「こうしなさい」と決めて伝えるほうが物事は簡単です。でも、そのひと手間によって、子どもは考える時間と、決断する余地を与えられたのです。

子どもを信頼する

私が10代のころ、両親は「何時までに家に帰りなさい」とは言いませんでした。その代わりに、「何時に帰ってくるの？」と聞きました。

両親は私を信頼し、責任ある決断ができると思っていました。私もその信頼に応えようとしました。親が怖いからではなく、お互いの信頼関係に基づいて、私は帰宅時間を決めていました。

子どもに「自分の感覚は正しい」と教える

子どもの決断力を伸ばすひとつの方法は、自分の感覚は正しいと教えることです。

子どもが「どうしたらいい？」と聞いてきたら、それに答える代わりに、「まず心を落ち着かせて、自分が正しいと思う答えを見つけてごらん」と促します。ただ、もしその答えが不安から来るものだと感じたら、それとなくもう一度考え直すように促します。

アリシアは、「ブレアが私と遊んでくれないの」と母親に泣きつきました。アリシアの気持ちをひとしきり聞いたあとで、母親は「どうしたい？」と聞きました。アリシアの答えは「わからない」。母親はこう言いました。

「心を静かにして、どうするのが一番いいか自分に聞いてごらん」

数分後、アリシアは戻ってきて、「もうブレアとは遊ばないと決めた」と母親に伝えました。母親は、この答えは不安から来ているのではないかと思ったので、アリシアに「もう一度試してごらん」と促しました。

また数分後、アリシアはより嬉しそうに、そしてより力強く言いました。

「ブレアに電話して、まだ怒っているかどうか聞いてみる」

母親は「それは勇敢な決断だね」と言いました。

子どもに真実を伝える

子どもが直感を信じて行動できるためには、自分の感覚が間違っていないという自信を持つことが重要です。次の例を見てみましょう。


ある日、息子が尋ねてきました。

「お母さん、どうして怒っているの？」

不意を突かれて、とっさに「怒っていないよ」と言いました。でもその後、その日に起こった同僚との行き違いについて、頭のどこかでずっと考え続けていたことに気がつきました。息子の直感は正しかったのです。

そこで、息子に「そうだね、実は仕事でちょっと嫌なことがあったの。気づかせてくれてありがとう」と伝えました。


子どもたちは、自分のまわりの空気にとても敏感です。親が自分の感情について嘘をついたり否定したりすると、子どもは自分の直感は間違っているのだと思うようになります。

ときには、子どもを守るために嘘をつくこともあるでしょう（少なくとも、親はそう信じています）。でも、子どもは大抵の場合、何かがしっくりこないことに気づいています。現実に起こっていることよりもっと悪い状況を想像してしまうこともあります。実際に起きていることと想像のズレが、直感を基に適切な判断をする妨げになるのです。

楽しくなる方法を自分で考えさせる

子どもにとって、自分が幸せである状況をつくり出すのは、本来は子ども自身の仕事です。それなのに、親がいろいろとしすぎていないでしょうか。

・子どもが退屈しないように楽しませる

・子どものニーズをすべて満たす
・日常に起こるいろいろな問題を子どもに代わって解決する
・欲しいと言われた多くのモノを買い与える

これらは親の仕事ではありません。

当たり前のようにこれらのことをしてもらっていると、子どもは自分の生活はいつも快適で楽しいものに誰かがしてくれると期待するようになります。子どもの「退屈だ」という言葉の裏には、「誰かがこの時間を楽しくしてくれないかな」という気持ちがあります。

常に誰かに楽しませてもらってきた子どもは、思春期にドラッグにはまったり、テレビやネットを長時間観たり、ゲームに夢中になって他のことをやりたがらなくなったりします。そうすることで、自分でやりたいことを考える必要がなく、楽しい気持ちになれるからです。

自分で幸せな状態になるための方法を考えないといけないことを、誰にも教わらなかったのでしょう。

また、子どもが「退屈だ」と言ったときに、「じゃあ友だちに電話したら？」とか「絵の具で遊んだら？」などと言いたくなる気持ちを抑えましょう。その代わりに、機嫌のいい声で「どうしたいの？」と聞きましょう。

もし子どもが、「うーん、なにかいい考えはある？」と、（泣き言を言ったり怒ったりする声でなく）普通の声で聞いてきたら、たまには提案をしてもいいでしょう。

でも、子どもが遊ぶためのお膳立てまでするのはやりすぎです。自分の責任でさせてみましょう。もし子どもの声のトーンが適切でなければ、その場から離れて、子どもが普通の声で話しかけてくるまで自分のことをして待ちましょう。

愛情の紙袋

誰かに気にかけてほしいときに、自分から何をすればいいかを子どもに教えましょう。まわりの人が読心術で自分の気持ちを汲《く》み取ってくれるとは期待せずに、自分で自分のニーズを意識し、それを言葉で伝えるスキルを教えるのです。

ひとつの方法として、「愛情の紙袋」があります。

家族全員、自分専用の紙袋を用意します。それぞれが、短冊状の紙に「自分がしてもらったら嬉しいこと」を書いて入れます。例えば、「本を読んでほしい」「フットマッサージをして」「私のいいところを教えて」「私の話を15分聞いて」などです。

ここに書くことは、時間と愛情があればできることに限定します。「○○を買って」というリクエストは、この「愛情の紙袋」の趣旨にはそぐいません。お金と愛情をそのような形で結び付けて理解してほしくないからです。

子どもが悲しんでいたり、落ち込んでいたりしたら、その子自身が家族の誰かにこの「愛情の紙袋」を持っていって、紙を1枚取り出してもらい、そこに書かれていることを実行してもらいます。親の注意を引くために不適切なことをする必要性はなくなるので、子どもの行動も改善されるかもしれません。

「愛情の紙袋」は家族の誰にとっても助けになります。夫婦の間で、お互いにだけ見せる紙袋を用意してはいかがでしょうか。

自分自身で幸せを感じられるように工夫することは、何歳だろうといつからでも始められます。

１００％の力で尽くすことを教える

最小の努力で人生をやりすごすような生き方をしている人も大勢います。でも、子どもには何をするにも全力を出そうと伝えましょう。

ゴールを自分で決めて、それに向かってベストを尽くすように促し、１００％の力を注ぎ込むことで誇らしい気持ちを感じるようなコミュニケーションを心がけます。

ここで注意したいのは、周囲との比較ではなく、「自己ベスト」を目指すということです。「一番だった？」ではなく「全力を出すことができた？」と問いかけましょう。

親が子どもを他の子と比較したりしなければ、子どももよりリラックスして１００％の力を出せるでしょう。自分がベストを尽くしているという自覚があれば、他の子のほうが自分より良い成績であっても、それほど勇気をくじかれることはありません。世の中には、自分よりも優れている人はたくさんいるのですから、早いうちから、他人と比較をするデメリットに気づくのはいいことです。

中には、他の子どもや年上の兄弟の活躍を見ることで、自分自身の改善に役立てられる子もいます。人の活躍を目の当たりにして自分が挑戦するのをあきらめてしまうのでなければ、そのような視点は理にかなっています。

求められる以上のことをする

子どもが何かの課題をやり終えたとき、その課題で求められていた以上のことをする意味を教えましょう。誰にも気づかれなかったとしても、期待された以上の努力をするのは気分がいいものです。

子どもがまだ赤ちゃんだったころに、寝返りを打とうとしたり、なんとかして歩こうと努力したことを話しましょう。また、幼児になってからも、「親から言われなくても、多くのことに一生懸命取り組んでいたのをちゃんと見ていたよ」と伝えてください。そうすることで、あなたが伝えようとしていることを子どもは理解するでしょう。

特別な日にテーブルに花を飾ったり、頼まれていた居間だけでなく、廊下や他の部屋まで掃除機をかけたりしたとき、自分を誇らしく思うに違いありません。

利他的な行動を促す

子どもに、なんの見返りも期待せずに貢献する機会を与えましょう。まわりの人の役に立つことは、子どもでも気分がいいものです。

そんなとき、「ありがとう」と言うのはいいですが、おこづかいなどはあげないようにしましょう。子どもの行為を台無しにしてしまうからです。利他的な行動を促したいのであれば、子どもを物質的なご褒美で混乱させないほうがいいのです。

子どもは「できる」と信じる

子どもに任せるよりも、大人がしたほうが速くて正確なことはたくさんあります。

でも、大人が全部してしまうと、子どもが経験から学んで自信をつける機会を奪ってしまいます。親から「やってごらん」と任されることで、子どもは自分が親から信頼されていると感じます。

そして、自分でもできると思っていなかったことまでやってみようという気持ちになります。我が子はできるはずだと信じることが、最初のステップです。

過去の経験から、子どもがすでに経験済みで、ひとりでできるとわかっているタスクについて、「やらない」と言われたら要注意です。そのタスクが何であれ、繰り返し練習するように言葉をかけて、自信をつけられるようにもっていきましょう。

ネイトは、靴の紐を結ぼうとしていましたが、最後にはあきらめて「ママ、できないよ！」と言いました。母親は、特に急ぎの用事もなかったので、「あなたならできるよ」と言い、ネイトに微笑みかけたあと、別の部屋に行きました。母親の声のトーンは明るくオープンでした。

ネイトはできると信じていることを行動で示したのです。親がその場を離れて自分の部屋に行けば、子どもが自分の助けをあてにしていることにイライラする必要もなくなります。子どもはきっとできると信じましょう。

子どもにヘルプを求める

子どもはときどき、巨人の世界における小人のような気持ちで、親の力を実際以上に強大だと感じています。特に幼児は、親を万能だと思っている場合もあり、それに比べると自分の力は取るに足りないものだと感じています。

子どもに自信を持たせるひとつの方法は、子どもに助けを求めることです。友だちがあなたに助けを求めたとき、自分の力が認められたように感じたことはないでしょうか。子どもにその気持ちを味わわせるチャンスをあげましょう。

自分が抱えている問題を子どもに話すと、本当にクリエイティブな解決策を考えてくれることもあります。

私が主催するサマーキャンプが始まる直前に、ふたりの息子の参加を申し込んでいた父親から電話がありました。ビジネス上でミスをしてしまい、経済的に厳しくなり、子どもたちをキャンプに参加させるお金がないため、参加をキャンセルしたいとのことでした。

その電話での会話で、彼は「この悪いニュースをどうやって息子たちに伝えたらいいか、何かいい考えはありますか?」と尋ねました。

私は「キャンプに参加させるお金がないと言うのではなく、ビジネスの状況について子どもたちに話して、このピンチを切り抜けるいい考えがないか聞いてみるのはどうか」と助言しました。

数日後、電話が鳴りました。私のアドバイスどおり、この父親は息子たちに話をしていたのです。父親は、次のように語ってくれました。

子どもたちに「ビジネス上でミスをしてしまって、高額の注文を落としてしまったんだ。そのために、これからしばらくは経済的に厳しくなる。このピンチをどう切り抜けたらいいか、何か考えはあるかな？」と話してみました。

子どもたちの反応に、私はとても心を打たれました。彼らは自分から「キャンプは行かなくていいよ」と言いました。そして、電気代を少しでも浮かすために電灯をこまめに消し、新聞配達のアルバイトをすると申し出てくれました。

何よりのご褒美は、子どもたちがなんとかこの状況を助けたいと熱意を見せてくれたことで、この問題がそれほど大変なことではないように思えたことです。家族みんながサポートしてくれていると感じました。私は大きなミスをしてしまいましたが、家族の結束は高まったんです！

父親が自分のミスについてオープンに話し、子どもたちに助けを求めたことで、家族の危機を一緒に乗り越えられました。子どもに家族に貢献するチャンスを与えたことで、子どもは自分の考えが誰かの役に立つという経験もできました。また、自分のミスを認めることは責任のある行為だとも教えられたのです。

もしかすると、子どもたちにとってはこの点がもっとも有意義なレッスンだったかもしれません。

子どもにも変化は起こせる

特に思春期の子どもは、「自分はまだ子どもだから、世の中の役に立つことなんてできない」と思いがちです。大人がすべての権力を握っており、自分が何かを考えたり感じたり、また行動したりしても、何も起こらないと思っています。

子どもたちに、自分たちのアイディアが親や他の誰かを助けることもあると、事あるごとに伝えましょう。「この前、私が妹のことで困っていたときに言ってくれたアドバイス、すごく効果があったよ」というように。

子どもに責任を持たせる

子ども自身に関わる責任だけでなく、もっと家族に貢献するような責任も与えましょう。自分の身のまわりのモノを管理するだけでなく、例えば家族の食事をつくったり、買い物をしたり、家計簿をつけるのを手伝ったりといった重要なタスクを任せるのです。子どもが家族にとって大事な役割を担っていると伝えましょう。

年齢相応のタスクをきちんと遂行していくことで、責任感を培っていきます。テニスのコーチがボールをラケットで打つのを長い時間ずっと見ていても、テニスのスキルは身につきません。自分でラケットを握り、ボールを打ち返してはじめて、自分のミスから学び、またボールを打ち返す楽しさを味わえるのです。

子どもの責任感も同じです。毎朝学校に時間どおりに行けるように、親がいつも子どもを起こしていたら、いつまでたっても自分でできるようにはならないでしょう。

毎朝、学ぶチャンスを親が奪ってしまっているのですから。

寝過ごしてしまったときの「失敗した！」という気持ちや、自分で起きられたときの「自分でできた！」という誇らしい気持ちを味わう経験を通して、責任感を学んでいくのです。

何かを新しく任せてみるときには、ポジティブな言葉かけを心がけましょう。「いい加減これをやってくれない？」と言うのではなく、「○○については、もうマスターできているね。こっちもできるんじゃないかな？」という具合です。

この章の最後に、年齢別のタスクを記載しています。それぞれのタスクを行うために必要なスキルを教え、最初は安全を配慮して見守りながら、実際に任せてみましょう。このリストは、子どもが小さくても、すでにいろいろなことができるというガイドラインだと考えてください。

責任を譲り渡す

定期的に「自分が子どものためにしていることで、もう子ども自身にやらせてもいいものはないか？」とチェックしてみましょう。

未就学児でも、ベッドメイキングを学べるくらい成長しているかもしれません。小学生だったら洗濯機は回せるでしょうし、思春期ともなれば自分で歯医者の予約もできるはずです。

子どもたちができるだろうと思うことから、まず任せていきましょう。必要なスキルがあってはじめて、そのタスクについて責任を負うことができるのです。

子どもが小さなころから少しずつ責任を与えていきましょう。一つひとつのタスクは、それほど大きなことではありません。子どもが16歳、18歳、あるいは21歳になってからはじめて、「大人になったんだから、すべて自分でやりなさい」と言うより、子どものうちから小さいタスクを与えるほうが、親にとっても子どもにとってもプレッシャーが少ないでしょう。

そうすれば、若くてもいろいろなことができるようになり、その経験が責任感を育むことにつながります。

子どもに任せることリスト

18カ月から3歳

・抱っこで移動しているときに電気のスイッチを押す
・新聞や郵便を取ってくる
・子ども用のボウルにシリアルやスナックを入れる
・台ふきんで机の上をふく
・おもちゃや服を片づける
・おむつを捨てる
・野菜を洗ったり、レタスをちぎったり、混ぜるなどのお手伝い
・テーブルにお皿やカトラリーを並べる
・ペットにえさや水をあげる
・食事や遊びのあとに片づけを手伝う
・兄弟を起こす

・家の中で簡単なお手伝いをする
・買ってきたものをしまう
・軽い買い物袋を家の中に運ぶ
・卵をかき混ぜたり、トーストを焼いたりする
・ベッドメイキングをする
・プラスチックのお皿を食器洗浄機に入れる
・サラダをつくる
・資源ゴミの分別をする
・自分の服を片づける
・乾燥機から服を出す
・信号が青に変わったことを知らせる
・食事のあとに食器を流しに持っていく
・封筒に封をして切手を貼る

４歳から６歳

右記のリストに加えて

・スーパーで買い物リストにあるものを見つける
・タオルをたたんだり、洗濯機を回したりする
・飲み物をコップに注ぐ
・マッサージをする
・料理のときに具材や調味料の量を測る
・植木に水をあげる
・スーパーのかごに入れたものの数を数える
・掃除機をかけたり、ホコリをふいたりする
・図書館から借りた本を車から家（あるいは逆）に運ぶ
・下の兄弟を助ける
・庭に植木や花を植える
・床をふく
・使ったお皿を食器洗浄機に入れる

・食器洗浄機に洗剤を入れてスタートさせる
・夕食のメニューを考える
・簡単な料理をつくる
・食器洗浄機からお皿を出して食器棚にしまう
・ペットを洗う
・自分のランチを用意する
・ペットを散歩に連れて行く
・おこづかい帳をつける

7歳から10歳
右記のリストに加えて
・朝、自分で起きる
・洗車を手伝う
・食器を洗う
・スナックや簡単な食事をつくる

・料理の際にレシピを読む
・洗濯機・乾燥機を回す
・ベッドのシーツを替える
・封筒に住所を書く
・下の子に絵本を読む
・下の子をお風呂に入れる

11歳から15歳
右記のリストに加えて
・ベビーシッターをする
・食事をつくる
・買い物をする
・窓掃除をする
・切れた電球を替える
・歯医者などの予約をする

・テイクアウトの食事を注文する
・(自営業の) 親の仕事を手伝う

16歳から18歳
右記のリストに加えて
・自分の銀行口座を管理する
・家計の管理を手伝う
・家や庭の管理を手伝う
・ペットの世話をする
・年下の子の宿題を見る
・下の兄弟の世話をする

第6章

子どもの行動はコミュニケーション

親の目から見て、子どもが困った行動を取ることがあります。親の言うことを聞かない、駄々をこねる、反抗する……。実際に子育てをしていれば、こうした例はいくらでも思いつくでしょう。子どもが（親にとって）望ましくない振る舞いをするのはどうしてでしょうか？

前章で、子どもは自分の欲求を言葉と行動で表現することを説明しました。子どもは親に対して、今までに試して効果があった方法で、自分の欲求を知らせようとしているのです。

また、ときには子どもが自分で自分の欲求をきちんと自覚していない場合もあります。この章で詳しく見ていきますが、子ども自身、どうしてそのように振舞うのかわからないまま、習慣になってしまった行動を取っていることもあります。このメカニズムについてまず親が理解をして、子どもに説明するのもいいでしょう。

自分の欲求をより適切な形で伝えるスキルを子どもに教えましょう。

そのための最初のステップは、まず親が子どもの行動の背景にある目的を見極めること。子どものニーズを明確にすれば、どのように対応すべきかが決まってきます。複雑に聞こえるかもしれませんが、実は想像するほど難しくありません。

シングルマザーのメアリーは、恋人と自分の7歳になる息子のマークと一緒にドライブをしていました。マークはふたりの会話をたびたびさえぎっておしゃべりしていたので、メアリーは「どうしたの？　人の会話に割り込むなんて、あなたらしくない。何か伝えたいことがあるのかな？」と尋ねました。それに対してマークはこう答えました。

「ママが彼と一緒だと、自分が透明人間になったような気がするんだ」

メアリーは少し考えてから、確かに自分たちがマークを気にかけていなかったと反省し、マークを仲間に入れておしゃべりするようにしました。

マークは自分に注意を払ってほしいというニーズが満たされたので、会話を途中でさえぎることをやめました。

子どもの行動の背景にある目的を理解すれば、親も適切な対応ができます。

例えば、幼児がトイレットペーパーをまるごとトイレに流そうとしているときに、「子どもが悪いことをしている」と解釈するのは間違っています。幼児はトイレの仕組みを探りたいのです。実際にトイレットペーパーを流してみるまでは、なぜそんなに大きなものを流してはダメなのかはわからないでしょう。「トイレの仕組みを知りたい」という目的を理解すれば、どのくらいの量だったら流してもいいのかを教えてあげることができます。

親の仕事は、子どもの行動の目的を理解して、その目的を果たす適切な方法を教えることです。成長とともに、子ども自身もその方法を学んでいきます。

子どもの欲求を診断する

あるお医者さんの診察室で、3人の患者が診てもらっていました。

お医者さん「どうしましたか？」

患者1「頭痛がするんです」

患者2「足が痛い！」

患者3「気温が下がると腕が痛みます」

お医者さん「わかりました。みなさんは胆石があるんですよ。つい先日も胆石で苦しんでいる人がいましたが、取ったらすっかり良くなりました！」

こんなお医者さんを信頼できるでしょうか？　もちろんできません。

このお医者さんは、

①診断の前に患者の話をじっくり聞かなかった
②みんなが同じ原因で痛みを感じていると勝手に推測した
③ひとつの答えがすべての人に通用すると決めつけた

からです。医療の世界では、正しい診断をする必要性は誰の目にも明らかですが、子育ての場面においてはしばしば見過ごされています。

残念ながら、すべての場面にあてはまる唯一の方法はありません。どのメソッドを使うと効果的かを見極めるためには、子どもの行動の目的についてじっくり考える必要があります。目的がわかれば、最適な方法を選ぶことができます。

目的①注目してもらいたい（注目願望）

子どもは自分の振る舞いに親がどう反応するかをよく見ています。その経験をもとに、次はどんな行動を起こすかを決めているのです。例えば、ポジティブな形で親の注目を得られなかった子どもは、ネガティブな形で「自分を見てほしい」というニーズを満たそうとします。

生後20カ月のマリアは、父親が新聞を読んでいる傍らで、ゆり椅子に座っていました。椅子を前後に揺らし始めてスピードをあげ、しまいには椅子がマリアごと床にひっくり返ってしまいました。父親は慌てて駆け寄り、マリアを抱っこしました。マリアを膝に抱いて、彼女が落ち着くまで15分ほど一緒に過ごしました。

3日ほどたったある日、マリアは新聞を読んでいる父親のところにきて膝に座ろうとしました。でも父親は優しく彼女をわきにやって、「今はダメだよ。新聞を読みたいんだ」と言いました。マリアはゆり椅子のところに行って、椅子を押し倒しました。そしてこっそり椅子の下に入り込んで、大声で泣き始めました。

成功です！　父親は新聞を投げ捨ててマリアを抱きあげ、膝の上に乗せて彼女を慰めました。

子どもが親からの注目を求める気持ちは、健全な成長過程において当然のことです。子どもにとっては、無視されるよりも、叱られるなどのネガティブな形であっても注目されるほうがいいのです。この本能的なニーズに突き動かされて、子どもは親の注目を引くためにあらゆる手段を使おうとします。

母親は自宅に友だちを招いてお茶をしていました。そこに、4歳児の息子ビリーが部屋に駆け込んできます。

ビリー　（同情を誘うような声で）「僕の飛行機はどこ？」

母親　（友だちと話すのを中断して）「今忙しいの。あなたの部屋にあるでしょう」

（数分後）

ビリー「僕の部屋のどこ？」

母親「おもちゃ箱でしょ。（友だちに向かって）ごめんなさい、今なんて言っていた？」

ビリー「探すの手伝って！」

母親（堪忍袋の緒が切れたという感じで）「わかったわよ！　でも見つけたら自分の部屋で遊びなさい！　ママはお友だちと話がしたいの」

ビリーには悪気はないとはいえ、母親に見てもらいたいために、わざとおもちゃにこだわって注意を引こうとしているのです。母親の反応からそれがわかります。

ビリーは、母親の友だちが来ているときにどう振舞えば良かったのでしょうか？　母親が「お友だちと話したい」というのを聞いて、ひとりで遊ぶこともできました。自分でおもちゃを見つけるか、他のもので遊ぶことも。母親に本当にしてほしかったことは何だったのでしょうか？

ビリーは母親の注目を一身に受けたかったのです。そうでなければ自分は愛されていないと思っているのかもしれません。

この例では、ビリーの「ママに僕を見てほしい」という欲求は、多少なりともポジティブな形で表現されていると言えます。もし子ども自身が勇気をくじかれてしまっているときには、この注目願望はよりネガティブな形で現れてきます。

例えば、触ってはダメと言われているもので遊び始めたり、兄弟とけんかを始めたりというふうに。また、「メソメソする」「ぐずる」「ひとりでは何もできないかのように振舞う」「人の話をさえぎって言いたいことを言う」「人をイライラさせる行動をわざと繰り返す」なども考えられます。

子どもの注目願望が問題なのではありません。大人でも子どもでも、自分を見てほしいという欲求は、誰にでもある自然な気持ちです。ここで問題なのは、その欲求を満たそうとして、間違った方法を選んでいる場合です。

実は、子どもの困った振る舞いの本当の目的を見極める鍵は、親自身がどのように感じているかにあります。親子の間には無意識のうちに相互作用とでもいうべき反応が働いていて、親は子どもが心の底に抱いている気持ちに自然に反応しているのです。そのため、子どもの行動に対する自分自身の反応をよく観察することで、子どもが無意識に求めているものを見極めることができます（参考文献・ルドルフ・ドライカース著『勇気づけて躾《しつ》ける―子どもを自立させる子育ての原理と方法』。ドライカースは精神科医で、アドラーの代表的な後継者）。

子どもの注目願望による振る舞いだった場合、親はイライラして、大抵の場合はネガティブな形で（「やめなさい！」と言うなど）子どもに注目します。

もちろん、子どもがみんな、注目されるためにいたずらをするわけではありません。場合によっては、とびきり良い子に振舞う子どももいます。いつもお行儀よくして親を喜ばせようとしたり、学校では先生のお気に入りになるように振舞ったりする子どもも、根底にあるのは注目願望というケースもあります。

繰り返しますが、子どもの行動の目的を見極めるヒントは、親自身がどう感じるか、です。子どもがあなたを喜ばせようとしたり、「良い子」の言動をしているときに、あなたがイライラするのであれば、子どもの行動の目的は注目願望を満たしたいということです。

「注目してほしい」への対応策

子どもの目的が「注目してほしい」だった場合、その対応策は次の4つのステップです。

1　目を合わせない

2　子どもに話しかけない

最初のふたつのステップは、すぐに子どもに注目しないことを意味しています。でも、子どもを無視するだけでは事態は悪化してしまうので、次のステップも同時に行います。

3　子どもが「自分は愛されている」と感じられることをする

効果的な方法はスキンシップです。背中をなでる、髪をなでるなどして、子どもの身体に触れます。頭をなでるのは、格下に見ていることになるのでやめたほうがいいでしょう。

4 すぐに行動を起こす

子どもの行動によってイライラし始めたらすぐに、1から3のステップ（目を合わせない、子どもに話しかけない、スキンシップをする）を行います。

反応が少しでも遅れると、自分自身の感情が怒りに変わり、怒ったまま対応することになります。その状態では、子どもに「自分は愛されている」と感じさせるのは難しいでしょう。

親がこの4つのステップを実践していくと、子どもは自分の行動を考え直すことになります。それまで「パパやママが四六時中ずっと私と関わってくれていたら、私は愛されている」と考えてきた子どもは、大人がずっと自分に関わっていなくても、愛されていると感じられるようになっていきます。

4つのステップの実践とともに大切なことは、子どもが注目願望に基づいた行動をしていないときに、きちんと向き合う時間をつくることです。ポジティブな形で注目願望が満たされていれば、ネガティブな行動は必要なくなります。

自分を見てほしいときにどんな行動を取ればいいのか、具体的に教えましょう。

ある母親は娘に、注目してほしいときは、わざと悪いことをするのではなくて「ママ、私の話をちゃんと聞いて」と言葉で伝えればいいんだよ、と教えました。娘が言葉によって要望を伝えたときには、母親はすぐその場で彼女と向き合うか、それができないときには、いつだったらじっくりと時間を過ごせるのか、ふたりで話し合って決めることにしました。

共働きなどで両親とも忙しいという場合でも、どうにかして週末などに子どもとのデートの時間を確保しましょう。子どもが複数いる場合には、それぞれが親と一対一で向き合える時間を捻出します。デートには、1日3食のうちどれかをあててもいいし、一緒に何かをする時間にしてもかまいません。何をするにしても、一対一であることがとても大切です。リラックスした雰囲気の中で、親とふたりだけという状況のほうが、心に秘めた気持ちなども話しやすいでしょう。

親と親しい関係だと子どもが思えれば、より敬意に満ちた協力的な態度で接するようになります。適切な方法で子どもの注目願望を満たすことで、ネガティブな行動を取る必要がなくなります。

小さいころは、父親とレスリングや相撲ごっこなどをして遊ぶ子どもは多いでしょう。女の子の場合、身体の成長とともにそういう遊びはしなくなるのが普通です。でも、その代わりになる、父親と娘が一緒にできる何かを探すことがとても大切です。テニスのレッスンを一緒に受けたり、寝る前に親子で一緒に選んだ小説の一部を読んだりなど、ふたりだけの時間を過ごせることなら、どんなことでもいいでしょう。

もしかすると「うちの子にはこのステップは通用しない……」と感じているかもしれません。その場合には、子どもの行動の背景にあるものが、注目願望ではないことが考えられます。

目的②　主導権がほしい

父親　「テレビを消しなさい！　寝る時間だよ」
息子　「この番組が終わるまで！　あと30分だよ」
父親　（険しい顔で）「ダメだ。消しなさいと言ったろ！」
息子　（反抗的に）「なんで？　15分だけお願い！　たまにはいいじゃない！」
父親　（真っ赤な顔で、息子を指さしながら）「聞こえなかったのか？　テレビを消せ……今すぐに！」

父親は息子が口答えしたことにとても腹を立てています。本能的には力づくでと思っているけれど、今のところなんとか踏みとどまっています。「注目してもらいたい」と「主導権がほしい」というふたつの異なる欲求の違いを見分けるために、子どもの行動を見てみましょう。

注目願望のある子どもは、親が（たとえ罰を与えるためであっても）子どもに関わることで、その欲求は満たされます。

一方で、主導権を求めている子どもの場合には、罰を与えても行動は改善されないばかりか、悪化することもあります。罰などのコントロールによって一時的におさまったとしても、子どもは「今回は止められたけど、次回は負けないぞ！」とでも言いたげな、「負けるもんか！」という表情をしているでしょう。

子どもと主導権争いになっていると感じたら、自分への質問を変えてみます。「この状況をどうやってコントロールしようか？」ではなく、「子どもにどうしたらもっと主導権を与えられるだろうか？」と自問してみてください。子どもと主導権を分かち合うことで、もっと協力的になるでしょう。

タイラーが3歳だったとき、夕方にスーパーに行きました。これが失敗のもとでした。私もタイラーも疲れていて、夕食の準備にかかるために早く帰ろうと焦っていたのです。タイラーをショッピングカートに乗せて、スーパーをあわただしく行き来して買いたいものをかごに入れていきました。すると、タイラーがかごに入れたものを床に捨て始めたのです。

最初は穏やかな口調で「タイラー、やめてちょうだい」と言いました。タイラーは私を無視して、かごのものを床に向かって投げ続けました。私は、今度は厳しい声で「タイラー、やめなさい！」と叫びました。

私の声が怒りに震えるのに呼応するように、タイラーのいたずらも激しさを増していきました。私のハンドバックを奪い取って中身を床にぶちまけたのです。私はタイラーの両腕をつかみました。思いっきり揺さぶりたい衝動に駆られていたのです。

その瞬間、私は児童虐待はこんなふうに起こるのか、と腹落ちしました。そして、数歩後ろにさがって、1から10まで数えました（これは私が落ち着くための方法です）。数えているうちに、タイラーはこの状況に対して、何の主導権もないのだと気づきました。冷たくて固いショッピングカートに無理やり乗せられて、母親が店中を歩きながら買いたいものをかごに入れるのに付き合わされているだけです。

「タイラーに少しでも、自分にも何かができるんだと感じてもらうにはどうしたらいいかしら？」と自問しました。そして、その場でできることを思いつき、タイラーにアドバイスを求めました。

「ねえ、スヌーピー（我が家のペットの犬）には、どんなえさがいいと思う？」「パパはどんな野菜が好きかな？」といった具合です。

次の列に移動するころには、タイラーがとても協力的になったことに私は心底驚きました。誰かが違う子どもに取り換えたのかと思ったほどです。でも、もちろんそんなことはありません。息子は何も変わっておらず、変わったのは私だったのです。

その気になれば、とてもクリエイティブな方法で子どもに主導権を与えることができます。そのひとつを紹介します。

3歳のケイティは、車に乗るたびにチャイルドシートのシートベルトを締めることに抵抗しました。毎朝がバトルで、母親が職場に着くころには、（まだ1日が始まってもいないのに）疲れ果てていました。どんなに議論したり脅したりしても、ケイティは協力してくれなかったのです。

そこで、母親はアプローチを変えました。ケイティを車のシートベルト・キャプテンに任命したのです。ケイティがすべての乗客がシートベルトをしているかどうか確認し、ゴーサインを出すまで車は出発できません。ケイティは自分の判断で車が出発できるかどうかが決まるなんて、自分は重要な役割を担っているんだと感じました。彼女の振る舞いは一夜にして劇的に変化したのです。

主導権への欲求の対応策

子どもに少しでも主導権を与えることで、親子の間の権力争いをストップすることができます。また、そもそも権力争いを起こさない方法もあります。それぞれの方法を状況に応じて使い分けてください。

選択肢を与える

生活のさまざまな場面で、可能な限り、子どもに選択肢を与えましょう。選択肢を与えることは、命令とは違います。

「やめなさい！」と言うのと、「トラックを部屋の中で壁に当てないように気をつけて遊ぶ？　それともトラックを砂場に持って行って遊ぶ？」と言うのでは、どう違うでしょうか。

選択肢を与えられた子どもは、自分で選んで決めることを学び、親やまわりの人にそれほど依存しないようになります。また、反抗的な態度も減っていきます。自分の選択と、そのために起こる結果との結びつきについても学んでいきます。

選択肢を提示するとき、いくつか注意すべきことがあります。

・子どもがどちらを選んでも、親が受け入れられる選択肢を提示する。

・子どもがどちらも選ばなかった場合、親がすぐに実行できるような別の選択肢を提示する。例えば、（公園で遊び終わったときに）自分で歩いて帰るか、それとも抱っこで帰るか。

・子どもがどちらも選ばなかった場合、「どちらも選ばない」ということを選んでいるのだと説明して、親が選んで行動に移す。例えば、前述のふたつの選択肢から子どもが選ばなかった場合、親が選んだものを実行する。

他にもさまざまな選択肢が考えられます。

・今すぐ歯みがきをする？　それとも本を読んだあとにする？
・犬にえさをあげる？　それともゴミ出しをする？
・私がお店に行く間、弟を見ていてくれる？　それとも代わりにお店に行ってくれる？

どちらの選択肢も、子どもの行動に対する罰ではないことを肝に銘じてください。「外に行って遊ぶ？　それとも夕食抜きで自分の部屋に行く？」というのは、主導権を与えるという趣旨からは外れた選択肢になってしまいます。

ときには、提示する選択肢を思いつかないこともあるかもしれません。その理由として、自分自身の生活の中で、選択の余地がほぼないということも考えられます。自分自身にも選択肢をあげることを実践してください。もし、食器洗いをしたくないとしたら、他にどんな選択肢があるでしょうか？　パートナーや子どもたちに頼む、紙皿を使う、翌日まで放っておく、家事代行サービスを雇う、などが考えられます。

子どもに選択肢をあげることにしたお医者さんは、診察室で小さな患者を診るのがとてもスムーズになりました。

例えば、子どもが注射を受ける場合、どちらの腕にするか、どの看護婦さんが注射をするか、どの色のバンドエイドにするか、座ったままか立ったまま、あるいは寝たままで注射を受けるか、などなど、子どもにいくつもの選択をさせます。

注射を受けることは嫌でも、選択肢を提示することで、多少は状況をコントロールできるという気分になります。また、子どもは選択する責任も感じるでしょう。

子どもの自己肯定感をあげる

人は誰でも、自分は大事な存在だと感じたいものです。子どもにも「自分には価値がある」と感じさせる機会をできるだけ多くつくりましょう。

そのためには、いつも無意識にしていることを少し変える必要があるかもしれません。良いアイディアを試してみた数人の親からは、ポジティブな結果だったという報告がありました。

ここに3つの例をあげておきます。子どもが自分には価値があり、誰かの役に立つことができると感じられるように親が工夫したのはどんなことだったでしょうか。

3歳の女の子アンジーのお母さんは、居間の模様替えの際に、壁の色を何色にしたらいいかを娘に決めてもらおうと思い立ちました。

壁用のペンキを2色に絞り、アンジーに「どっちの色がいいと思う？　どちらも好きな色で迷っているから、あなたに決めてほしいの」と問いかけ、彼女に選ばせたのです。

そして、「アンジーが色を選んだ」ということを、友だちや両親など、お客さんが訪れるたびに（アンジーに聞こえるように）話しました。自分が居間の壁の色を決めたということで、アンジーの自己肯定感が高まったようだとお母さんは感じています。

12歳のダミアンは、学校の成績が思わしくなく、宿題もやっとの思いでこなしていました。父親は息子の自己肯定感をあげたいと思い、自分のビジネスの従業員の給与支払い手続きを手伝わせることにしました。

年末を迎えるころには、ダミアンはとても効率よく給与支払いの処理ができるようになり、町の花屋さんの給与支払いも手伝うことになりました。そして、予想されたことですが、学校の成績もあがっていました。実は、父親は息子の成績が思わしくないのは、父親と過ごす時間があまりに少ないための仕返しかもしれないと推測していたのです。

ビジネスの手伝いをさせることで一緒に過ごす時間が増えて、ふたりは仲良くなっていきました。また、ダミアンに必要なスキルを教えて手伝わせることで、父親も息子の貢献を認め、感謝するようになりました。


モニカは、再婚相手の連れ子であるアナとの関係に悩んでいました。

ある日、モニカは「自分はファッションに疎いので、夫（つまりアナの父親）の新しい服を選ぶのを手伝ってくれないか」と、アナに頼んでみました。アナは了承し、ふたりは一緒にショッピングに行きました。

そして、ぴったりの服を見つけただけでなく、アナは自分のアイディアが役に立ったと感じ、ふたりの関係が親しいものになるきっかけになりました。

ウィン・ウィンの解決策

ふたりの人間の意見が合わないときに、どちらも満足するようなウィン・ウィンの解決策を話し合う方法があります。

ウィン・ウィンというコンセプトを、子どものころから教えられてきた人は少ないでしょう。よくあるのは、どちらかだけの希望が通るか、もしくはどちらも満足しない結果になるというものです。

ふたりともがハッピーになるような解決策を目指す話し合いが最も効果的なのです。ウィン・ウィンの話し合いをするためには、自分の希望を念頭に置いたうえで、お互いに相手の言うことに注意深く耳を傾ける必要があります。

ウィン・ウィンの話し合いの大事なポイントは、お互いが、ふたりともが満足する方法をそれぞれが考えることです。どちらも、自分の希望どおりになるように相手を説得しようとしたり、相手が望んでいることをやめさせようと説得したりするのではありません。お互いが望んでいることがかなう解決策を思いつくまで考え続けるのです。ときには、ふたりともが想像していなかった解決策が出てきて嬉しいサプライズになることもあります。

ウィン・ウィンの話し合いは、最初は時間がかかりますが、話し合いに使った時間と忍耐力に見合うだけの成果が得られます。家族全員でウィン・ウィンの話し合いのスキルが身につけば、よりスムーズに問題を解決できるようになるでしょう。

ある日、私は地元で講演をする機会があり、8歳だった息子タイラーも一緒に来ることになりました。出かける間際に、タイラーのジーンズのズボンの膝に大きな穴があいていることに気づいて、穴のあいていないズボンに着替えるように言いました。

タイラーは「嫌だ」と断りました。少しの間、私たちは「着替えなさい」「着替えない」と言い争いをしていました。自分たちが主導権争いにはまっていることに気づいて、私は話すのをやめ、少し考えました。そして、ウィン・ウィンの話し合いを試みました。

「どうして着替えるのが嫌なの？」とタイラーに聞くと、「穴のあいたジーンズはクールなんだ。そして友だちの前でクールでいたい」という答えが返ってきました。私は自分の希望を伝えました。「あなたの要望が通ってほしいけれど、私にも、自分の友だちの前で恥ずかしい思いをしたくないという要望があるの。どうしたらいいかな？何かいい考えがある？」と聞くと、タイラーは少し考えてから案を出しました。

「じゃあ、このズボンの上にもう一本別のズボンをはくのはどう？　ママの友だちの前では、穴があいていないズボンをはいたままにして、あとで友だちと会うときにはそれを脱げばいいんじゃない？」

私は、タイラーのクリエイティブな提案にとても感心しました。

子どもとの主導権争いにはまっていることに気づいて、ウィン・ウィンの話し合いが効果的かもしれないと感じたら、この例のように「あなたの要望どおりになってほしいけど、私の要望も通ってほしい。どうしたらいいと思う？」と聞いてみましょう。子どもは、親が心からそう思っているのだと感じるだけで、自分の主張ばかりでなく、お互いがハッピーになるにはどうすればいいか、一生懸命考えてくれるでしょう。

子どもの希望は許容範囲かどうか

ときには、子どもが親の思うとおりにしてくれない（あるいはやめてくれない）場合があります。そんなときは、子どもの希望は許容範囲かどうか考えてみましょう。もし子どものやりたいことをやらせてもいいと思えれば、意見の対立はなくなります。例を見てみましょう。

母親は、４人の子どもたちが壁に落書きをすることに困っていました。子どもたちに落書きをやめさせようとあらゆる方法を試しましたが、効果がありません。

そこで、子ども用のトイレの壁全面を落書きをしてもいい壁紙に変えて、トイレの壁だったらどれほど落書きをしてもいいと伝えました。
子どもたちは自分たちの創造性を表現する場を与えられたことで、その部屋以外の壁で落書きをするのはきっぱりやめました。その効果に母親はとても驚き、ほっとしました。

「ノー」と言える子に育てる

主導権争いが起こる背景には、相手に敬意を示しつつ「ノー」と言う意思を伝える方法を子どもが知らないという状況があります。多くの親は、「子どもは親の言いつけに従うべき」という風潮で育てられてきているからです。

でも、「ノー」と言うことを許されずにいる子どもは、別の方法でその意思表明をします。言われたことをダラダラと引き延ばしたり、忘れたり、やっつけ仕事をして結局あとで親がやり直さなければならなかったり、というふうに。子どもによっては本当に病気になったりします。

そんなふうに間接的に表現される「ノー」は、直接言われるよりもよほどやっかいです。面と向かって「嫌だ」とか「それはやりたくない」と言われれば、その意味するところは明快です。本当は断りたいのに、その気持ちを言い出せなくて、あとでまずい状況になった経験はないでしょうか？

子どもに、きちんとした形で自分の「ノー」という気持ちを表現させても、親の損にはなりません。どちらにしても、子どもはその気持ちを表現しているのですから。

子どもが自分の気持ちを素直に表現するメリットは何でしょうか。

思春期になったとき、違法ドラッグや盗み、破壊行為、性行為などを誰かから強要される場面を想像してみてください。子どものころから「嫌だ」「やりたくない」と表現するスキルを教えられていれば、周囲の同調圧力に負けずに断ることができます。小さな子どもが「親に気に入られなければ」と感じるプレッシャーは、思春期に「友だちから嫌われないようにしなければ」というときに感じるプレッシャーと同等のものです。そうだとすれば、プレッシャーに負けずに「ノー」と言える子どもになるように、親が教えるべきです。

我が家では、家族の中で誰かが誰かに「○○をしてほしい」とお願いしたときに、言われたほうは断ってもいいというルールがあります。お願いをしたほうは、相手のやりたくない気持ちをいったん受け止めます。ただし、お願いしたほうがそれは大事なことだと思えば、ふたりで一緒に話し合って、ウィン・ウィンの解決策を模索します。ある日の我が家の場面です。

私　「家の中を片づけるのを手伝って」
タイラー「ううん、やりたくない」
私　「でも、今夜はお客様が来ることになっているから、家をきれいにしておきたいの」

ふたりの意見が違うので、ウィン・ウィンの話し合いをします。
タイラー「じゃあ、ママが掃除している間、妹（3歳児）の世話をするよ」
タイラーが妹を見てくれれば、私は掃除をする時間ができるので解決です。

意外かもしれませんが、子どもに「嫌だ」と言う余地をあげることで、より協力的になってくれるものです。選択肢（決定権）を与えることで、子どもは少しでも状況をコントロールできると感じられるからです。

大人でも、職場で、あるいは恋人との関係で「ノー」と言えなかったらどう感じるでしょうか。自分には何も決定権がないという状況で憤りを感じるでしょう。私だったら仕事を変えるとか、恋人関係を考え直すという行動を起こすかもしれません。

子どもも同じです。子どもは現実的に親子の関係を解消することはできませんが、感情面では親から距離を置いて、心を閉ざしてコミュニケーションをしないようになっていきます。

「ノー」と言える子どもを育てるためには、親が率先して手本を見せます。

例えば、こんなふうに。

兄弟がウサギのペットを欲しがっていました。母親は「ウサギにえさをやったり、ウサギ小屋を掃除したりといったお世話を、私はやりたくないの。もしウサギを飼うことにして、2日続けてえさやりを忘れたり、お世話を忘れたりしたら、ウサギをペットショップに返すからね」と伝えました。

「やりたくない」と言うとき、怒った声のトーンで言わないことが大事です。怒りのトーンで発せられた「ノー」は、子どもを否定して罰するニュアンスが伝わります。

「いいですよ」とか「今日は天気がいい」と言うときのように、中立なトーンで「いいえ」「それはやりたくない」とフラットに言うお手本を見せましょう。

親は、子どもから何かをリクエストされたとき、がっかりさせまいとして「それはやらない（やりたくない、やるつもりはない）」とはっきり伝えない場合があります。その代わりに「うーん、どうだろう」とか「考えておく」と言ったりします。

でも、この言い方だと、子どもにはきちんと伝わりません。そのうち、子どもはあきらめてリクエストをしなくなるかもしれません。そうなれば、親は断る必要がなくなって助かったと思うかもしれませんが、結果として子どもは失望します。

一方、親が「それはやらないよ」と、丁寧ながらもきっぱりした声のトーンで伝えれば、子どももそれを尊重し、自分でもどのように「ノー」と言えばいいかを学んでいきます。可能な限り、「ノー」と言う理由も伝えられるとなおいいでしょう。

主導権争いを防ぐ方法

1　ペースダウンする

スケジュールがいっぱいいっぱいで、次から次へとタスクをこなさなければならない状況では、主導権争いが起こりやすくなります。早く物事を終わらせようと急げば急ぐほど、子どもにも同じように「早く終わらせなさい」とプレッシャーをかけるようになるからです。

成長段階にある子どもには、すべての物事を早いスピードで順序立てて終わらせることは難しいのです。「早くしなさい」と言われるほど、子どもは抵抗します。これが家庭内の緊張感を高め、癇癪を起こしたり、けんかが起こりやすい土壌になってしまいます。余裕のあるスケジュールを心がけ、子どもを急がせないですむように工夫しましょう。

2　前倒しで準備をする

出かける直前に慌てなくていいように、前倒しで準備をしましょう。

学校に着ていく服や持ち物などは、前日の夜に用意させるといいでしょう。前日であれば、必要なものを探したり、買い物に出かけたり、心に余裕を持って準備をすることができます。

また、1週間の家族のスケジュールをみんなで確認する余裕も出てくるでしょう。

どんなことが起こるのかをあらかじめ知っていれば、子どもは自分のペースで物事を行うことができ、より協力的になります。落ち着いて日々を過ごすこともできます。

3　想定される事態に備える

子どもと一緒にスーパーに買い物に行くと、キャンディやおもちゃを買ってと言われる場合があります。あるいは、急に必要になったものを買いに慌ててお店に行ったら、着いた途端に、子どもがぐずり出すこともあるでしょう。

このような事態が起きたときには、今後お店に行く前にはあらかじめ子どもと話し合っておくといいでしょう。もちろん、話し合って決めたことは守るという前提です。もし、親自身が事前に話し合って決めた約束を破ったりすれば、子どもは失望し、親に対する信頼を失います。それ以降はあまり協力してくれなくなるかもしれません。

例えば、子どもとお店に行って何かを買ってあげる場合には、あらかじめ予算について話し合っておき、決めた額以上は払わないと伝えます。その金額だけを子どもに渡すのがベストです。

また、それ以上の金額のものを買いたいとねだった場合、どうするかも決めておきます。例えば、今回、約束を守れなくて、決めた額以上のものを買いたがった場合には、次回は買い物に連れて行かない、などです。

子どもはテレビのコマーシャルや広告を見て、いろいろなものを欲しがります。また、両親が何かを買ってくれることが愛情の証だとか、欲しいものを手に入れることでハッピーになるといった信条は、主導権争いのもとになります。

4　心の準備をさせる

まずは、次の例を見てみましょう。

世界中のいろいろな国から来た人たちが参加するパーティに、夫婦で招待されました。そこで出会ったロシア人の女性と興味深い会話を楽しんでいると、突然、夫が手を引っ張って「もう帰る時間だ、早く！」と言いました。

どんな気持ちになるでしょうか？　夫に対して何と言いたいでしょうか？

子どもも、それまでしていたことから急に別のことをしなさいと命令されると、同じ気持ちになります。前もって「あと10分で寝る時間だよ」とか、「あと5分くらいしたら帰るよ」と声をかけておくだけで、主導権争いは起こりにくくなります。

残りの時間を決めてタイマーを使うという方法もあります。先ほどのパーティの場面では、夫が「あと15分ほどで帰りたいんだけど、いいかな?」と言っていたら、会話を終わらせて、気分よく家路に着くことができたでしょう。

当初の予定を急に変更しなければならないとき、けんかにならないように子どもには伝えないでおこう、と考えるかもしれません。でも、直前になって変更を伝えると、子どもの性質によっては状況が理解できずに、置いていかれた気持ちになることがあります。

私は仕事でよく出張に出かけるのですが、以前は出かける前日になってはじめて子どもたちに伝えていました。そうすると、子どもは私が不在になることにがっかりしたり、怒ったりしていました。

今では、出張の予定は1週間ほど前に伝えることにしています。そうすることで、出かける前に家族で時間を過ごす計画を立てることもできます。子どもたちも何が起こるかがあらかじめわかっているので、前よりも心を乱すことがなくなりました。

5　パターンを崩す

子どもは、今までの経験から、親がどんな反応をするかを知り尽くしています。期待される会話のパターンを崩せば、子どももいつもの調子で反応できなくなります。いつもだったら主導権争いになるような、お決まりの会話の流れを変えるのです。

ある父親は、思春期の子どもがドアを力任せに閉めることに悩んでいました。「ドアを乱暴に閉めるのはやめなさい」と何度言ってもダメでした。そこで、父親はある日、家中のドアをすべて取り払ってしまいました。

「ドアがなければ、乱暴に閉められないからね」

3日後に父親はまたドアを戻しましたが、それ以来、子どもはドアを静かに閉めるようになりました。

子どもに何度も伝えているのだけど改善が見られない、効果がない、という場合には、お決まりのパターンを崩すまったく別の方法を考えてみましょう。いつもとまったく違うクリエイティブなアプローチで、問題が解決してしまうこともあります。

6 楽しんで教える

親は、「しつけ」をあまりにも真面目に考えすぎています。もっと肩の力を抜いてリラックスしましょう。そうすることで、より楽しんで人生の歩き方を子どもに教えることができます。

例えば、「やめなさい」と言うときに、いさめる声ではなく歌いながら言うとか、「部屋を片づけて」と言うときに、子どもの好きなアニメのキャラの声を真似るなど、いろいろな方法が考えられます。また、これは勉強を教えることについても同様です。

タイラーは九九の宿題をするのに苦労していました。苦手意識があるので、ダラダラとしていて、ちっとも進みません。私はタイラーに、「何かを習うときに、言葉での説明を聞きたい？　それとも絵を描いてもらうのがいい？　それとも手に触れるもののほうがわかりやすい？」と聞いてみました。

タイラーの答えは「全部！」でした。そこで、私はレゴブロックを持ってきて、九九の概念をブロックを使って表現しました。タイラーは目を輝かせて、問題を見てはレゴを並べ始め、あっという間に宿題を終わらせました。

子どもの学びになる遊びを考える時間もないし、そんなにクリエイティブではないし……と思うかもしれません。でも、それほど難しいことではありません。シンプルなことでも、子どもの学びを格段に楽しいものにできるのです。

お風呂に入りたがらない幼児に、水の中で遊べるおもちゃを与えたら、お風呂の時間は楽しくなるでしょう。うちはもうおもちゃの水鉄砲は通用しない年だと言う場合には、想像力を膨らませることが大事です。

思いつく限りの方法で、いろいろな状況を楽しいものにすることを考えてください。主導権争いを未然に防ぐと同時に、家族の楽しい思い出をつくることにもつながります。

7　争いから身を引く

子どもに反抗されたとき、親は無理やりにでも従わせようとします。でも、その場でけんかをするのではなく、一歩身を引くという方法もあります。争いから身を引いても何も失うものはありません。むしろ、落ち着いて解決策をゆっくり考える余裕が生まれます。

力づくで言うことを聞かせたとしても、子どもは傷つき、仕返しをしたいと考えるだけでしょう。親にまだ力では抵抗できないとしても、例えばわざと試験で低い点を取ったり、お手伝いを拒否したり、わざとモノを壊したりして反抗します。

主導権争いはひとりではできないので、それに参加するのをやめればいいのです。対立が深まるばかりだと感じたら、一歩後にさがりましょう。怒りに任せて発せられた言葉は親子の関係を脅かし、傷を残します。

スーパーで買い物を終え、車に戻ってこれから家に帰ろうとしたとき、子どもが母親に「お店に戻っておもちゃを買って」と言い始めました。「今日は買わないよ」と何度も言いましたが、子どもはさらに食いさがります。

母親はだんだんイライラしてきて、叫び出しそうになりましたが、その代わりに彼女は車から出て、外で少しの間、深呼吸をしました。

落ち着いてから車の中に戻ると、子どもは「どうしたの？」と聞きました。

母親は「今日は買わない、と言っているのに聞いてくれなかったから、とても腹が立ったの。あなたのあきらめない性格は好きだけど、たまには『ノー』って言われたときに、すんなり『わかった』と受け入れてほしい」と答えました。


子どもはいつものパターンを崩され、かつ母親が正直に気持ちを打ち明けたことに驚きました。それ以来、「ダメだよ」と言われたことに対して、抵抗することが少なくなりました。

8　子どもを知る

子どもを良く知ることで、癇癪を起こしそうな子どもにどう対応すればいいかわかるようになります。例えば、息子のタイラーが小さかったときには、疲れているとキレやすく、ときに意地悪になりました。

そんなときは、しつけや話し合いはひとまずおいて、タイラーを休ませることを最優先にしました。

子どもがそれぞれの場面においてどんなふうになるかをよく観察しましょう。おなかが空いたり疲れたりすると、子どもはキレやすく反抗的になるでしょうか？　公園などの外遊びと家の中での遊びでは、どちらが好きでしょうか？　お友だちと遊んでいるとき、そろそろひとりで遊びたいと思うまでの時間は、だいたいどれくらいでしょうか？　思春期の子どもが家に帰って来たとき、その日にあったことを話す前に、ひとりでリラックスする時間が必要でしょうか？　就寝前のほうが、話すのには良いタイミングでしょうか？

子どもを観察することで、主導権争いに向かいつつある行動なのか、それとも単に物理的に不快なのかがわかります。まず最初に、休みたい、ひとりになりたいといったニーズを満たすことができれば、必要のない対立をせずにすみます。

9　警告サインを決めておく

主導権争いはこのようにして回避しよう、と親子で決められるほど関係が良好であれば、「警告サイン」を決めておくという方法があります。

これは、対立が始まったと感じたら、「けんかしそうな雰囲気になってきたよ」と相手に知らせるためのサインです。サインは、言葉でもジェスチャーでもかまいません。親子で話し合って決めましょう。

ある母親と娘は、度重なるけんかにうんざりしていました。

お互いが「けんかはしたくない」と思っていたので、警告サインを一緒に考えました。感情的なやりとりがあって、どちらかが怒りで自分の主張を通そうとし始めたら、気づいたほうが自分の耳たぶを引っ張るサインを送ります。そして、けんかをいったんやめて、ふたりともが納得できる解決策を話し合うことにしました。

我が家では、お互いに意地悪なことを言ったら、「それは失礼だよ」と伝えるサインを決めています。誰かがサインをしたら、もっと前向きな言葉を使うというルールをつくりました。

目的③ 復讐したい

親が子どもを権威によって服従させ続ける過程で、すっかり勇気をくじかれてしまった子どもは、物理的または精神的に、まわりの人や自分自身を傷つけるようになります。自分には価値がなく、嫌われていると感じて傷ついている子どもは、自分がされたのと同じ方法で誰かに復讐をしたいと感じます。

目的①や②と同じように、子どもの行動の目的を見極めるヒントは、親自身の反応です。子どもの振る舞いに対して仕返しをしたい、傷つけたいと感じたら、子どもには「復讐したい」という目的があることがわかります。

10歳のテリが学校でクラスメイトから50セントを盗んだことを、親は教師が書いたメモで知りました。テリの母親は激怒して言いました。

「テリ、どうしてこんなことをしてくれたの！　お金だったらあげたのに。本当に恥ずかしいったら。いつもトラブルばかりで……。あなたのことが本当によくわからない。さっさと部屋に行きなさい。自分のしたことを反省するまでは絶対に出てこないで。音も立てないで！」

そしてお尻をぴしゃりとたたき、テリを部屋に押しやりました。

その日の夜、テリは母親のマニキュアを持ち出して、自分の爪に塗ることにしました。塗り終わったときにマニキュアの瓶をわざとひっくり返し、それを拭こうとしたときに母親のアンティークのテーブルのコーティングが剥がれました。

「復習したい」への対応策

子どもがあなたを傷つけようとしているのを目の当たりにするのはつらいことです。その理由を理解しようとするのは、忍耐力をともないます。子どもの憎しみに満ちた態度は、子ども自身にも向けられているものだと考えると、少しわかりやすいかもしれません。

親として、自分から傷つけ合うのをやめる決意をすることがとても大切です。もちろん、これは簡単ではありません。子どもが傷つけるような言動をしたのだから、親も仕返しをしたいと思う気持ちは当然です。また、子どもにきちんと善悪を教えるのは親の役割だという気持ちもあるでしょう。

でも、自分自身に問いかけてください。子どもと対立して優位に立つことと関係を修復すること、どちらを望みますか?

まだ争いをやめたくなければ、それは仕方ありません。ただ、その状態で子どもに何かを教えようとしても、うまくいく可能性はとても低いでしょう。

関係修復を望むのであれば、次の5つのステップを実行しましょう。

1 相手を傷つけるような言動(罰を含む)をやめる

子どもの振る舞いに対して仕返しをすれば、一時的に子どもの態度が変わるかもしれませんが、問題は何も解決していません。罰を与えれば、どんな形であれ復讐してもいいのだと子どもに教えるだけです。親が仕返しをしなくても、問題は何も解決しないかもしれませんが、少なくとも事態がさらに悪化することはないでしょう。

2　子どものいいところを5つリストアップする

まだ怒っているときに、自分に仕返しをしてくる子どものいいところを5つあげるのは難しいでしょう。でも、リストにすることで、子どもに対するネガティブな気持ちが、少し楽観的なものに変わっていきます。怒っていたり傷ついたりしているときよりも、ポジティブな心持ちでいるほうが、クリエイティブでより効果のある解決策を思いつきやすいでしょう。

3　自分を守る

自分が耐えていれば、状況は良くなるかもしれないと考える人がいますが、大抵の場合は怒りや傷ついた気持ちを募らせるだけで、ときには怪我につながることもあります。

16歳の息子は、しばしば母親に暴言を吐いていました。「そんな口をきくのをやめなさい」と言っても、暴言はさらにエスカレートするだけでした。母親は、これ以上傷つかないように、息子が暴言を吐き始めたときには部屋を離れることにしました。

4 仲直りする

自分の非を認めて、心から謝罪するのは難しいものです。また、子どもも悪いのだから、向こうが謝ってくるまで謝罪したくないと思うこともあるでしょう。でも、この状況で、子どもは親から人間関係について学んでいるのです。子どもにしてほしい行動を自らやって見せましょう。

子どもがあなたに対して腹を立てている場合には、謝罪も受け入れないし仲直りもしたくないと言うかもしれません。その場合は、気持ちを整理する時間が必要です。「まだ私に対して腹を立てていて、仕返しをしたいと思っているのね。もう少し怒ったままでいたいなら、落ち着くまで待っているから」と伝えましょう。

5 親子関係を修復する

ふたりだけで出かけるなどして、関係の修復に努めます。楽しいことを一緒にするのもいいでしょう。ふたりの関係を再び良好にするのが狙いです。でも、自分の罪の意識をやわらげるために、子どもに何かを買ってあげるのはやめましょう。

さらに深刻なケースでは、お互いに深く傷つけ合ってしまったために親子の関係が破綻し、一緒にいることを避けるようになることがあります。関係がここまでこじれてしまっている場合には、親子で、あるいは家族全員でカウンセリングを受けることも考慮したほうが良いかもしれません。

テリの母親は、自分が以前に言ったことでテリが自分は愛されていないと感じ、傷ついていることに気がつきました。

マニキュア事件のあと2日たっても、母親はダメになったアンティークのテーブルのことには触れませんでした。テリを傷つけたり、罰したりしたくなかったのです。その間に、テリのどんなところが好きかを考えて、折に触れて本人に伝えていました。

2日間の冷却期間のあと、テリにマニキュア事件を持ち出しました。

「あなたはやっかいものだって言ったとき、とてもつらい思いをしたでしょう。ときどき、もうどうしたらいいかわからなくて傷つけることを言ってしまうの。本当にごめんなさい。あのテーブルには、ダメになった部分に置く センターピース（訳注・テーブルの中央に置く装飾品）をつくろうと思っているんだけど、手伝ってくれるかな？」

母親が自分を理解してくれていて、けんかを終わらせるという決意に気がつき、テリは母親と仲直りして、一緒にセンターピースをつくるというプロジェクトに取りかかりました。

思春期のアーロンは、宿題をする代わりに、学童クラブに飾るバナーをつくっていました。母親は苦々しく思いながら、それを見ていました。学校が始まって以来、宿題はずっと親子げんかの原因になっていたのです。

母親は、宿題についてアーロンにせっつき始めました。

「他のことをする前に宿題をするという約束でしょう。なぜ守らないの?」

アーロンはバナーから顔をあげもせずに、「やるよ。もうだまっていてよ」と言いました。母親はカラ笑いをして、「いつもそう言うじゃない。さっさとバナーをつくるのをやめて、宿題を終わらせなさい。将来ロクな大人にならないわよ!」と言いました。

アーロンは立ちあがり、手に持っていた筆を母親に投げつけて叫びました。

「ほっといてくれよ! 宿題はその気になったらやる。あれこれ口を出されるのはもううんざりだよ!」

そして、自分の部屋に駆け込み、ドアを「バタン！」と閉めました。
母親は、アーロンの行動の目的が復讐だったことに気がつきました。落ち着いたあと、自分からけんかを終わらせようと決意しました。

まずふたりの関係を修復する必要があります。アーロンの気持ちが落ち着くのを待ってから、部屋から出てくるように頼みました。「バナーをつくるのを手伝おうか？」と問いかけて、アーロンが了承したので、ふたりで一緒にバナーに色を塗りながら、いろいろなことを話しました。

翌朝、アーロンは早起きをして宿題を終わらせました。

うちの子は特に扱いが難しいんです、という場合には、次のふたつのアイディアを試してみてください。

1　毎朝、目が覚めたら5分間、そして毎晩ベッドに入ってから5分間、どんな親子関係にしたいかをイメージする。

実際に一緒に何かをしているところや、交わされる言葉を想像します。子どものそばにいるときに感じたい気持ちを、イメージの中で感じてみます。

親はしばしば、最悪のシナリオを思い浮かべてしまいます。息子が無茶をしてケガをするとか、娘がドラッグにはまるといったものです。でも、最悪のことではなく、ベストのシナリオを想像してください。最初はイメージするのも難しいかもしれませんが、あきらめずに挑戦してみましょう。

2 あなたの「難しい子ども」を無条件に愛することを心がける。

子どもが小さかったときには、お気に入りの服に嘔吐されたとしても、あなたの愛情に変わりはなかったはずです。無条件の愛情を1日中注ぎ続けるのが難しければ、まずは1時間から始めてみましょう。


大学生になったトレイシーは、ひとり暮らしを始めました。母親はトレイシーがすべての支払いをすることを条件に、クレジットカードを渡しました。

ある日、クレジットカード会社から母親に電話があり、短期間の間に800ドルの請求が来ていることを知りました。母親はトレイシーからクレジットカードを引き取り、800ドルの請求は母親がカード会社に支払うけれども、トレイシーは母親に少しずつ返さなければならないと言いました。

母親はこのことに腹を立てていたので、トレイシーへのクリスマスプレゼントをなしにしようかとも考えました。でも、それは自分の復讐心から娘を罰する行為だと気づき、そうしたところで事態を何も好転させないと考えてやめました。

このケースでは、3つのことが起こりました。

まず、母親はトレイシーを無条件に愛そうと努めました。次に、母親はクリスマスプレゼントをなしにするという形で娘を罰することはしませんでした。そして、トレイシーからカードを取りあげて、800ドルを返してもらうプランを立てたことで、今後の方針をきちんと示しました。

ときには、外的な要因から子どもは復讐心を持つことがあります。

親や兄弟や、学校の誰かからされたことに対して不満を感じて、ということもあるでしょう。また、身体的な制限があったり、病気や発達障害など、本人にはコントロールできないことに憤りを感じている場合もあります。親と親密な関係を築けなかった場合にも、復讐したいと感じることがあります。
次は、母親に向けられた復讐心に、彼女がどのように対応したかという例です。

母親が息子のネイサンに何かを手伝ってと言ったとき、息子は母親に向かって怒鳴り始めました。母親は、「私が何か傷つけるようなことをした？」と聞きました。

ネイサンはしばらく考えたあと、学校で友だちのひとりから嫌がらせを受けていることを打ち明けました。ネイサンは自己主張の強いタイプではなかったのです。**ネイサンは、嫌がらせについてどのように対応するか、両親と相談しました。**※

その結果、まず身体を鍛えて堂々と振舞えるようにしたい、そして得意なことを増やして自信をつけたいということになりました。

ネイサンの希望で、以前から興味のあった合気道のクラスに通うことにしました。合気道を習い始めて時間がたつとともに、ネイサンは少しずつ自信をつけていき、友だちから嫌がらせを受けることはなくなりました。

目的④　あきらめたい

自分では何もできない、あるいは期待に応えることは到底できないと感じている子どもは、すべてを投げ出して「できない」と決めてしまいます。目の前のタスクがどんなに簡単なものでも、はなからあきらめてしまうのです。

アンジーは最近、家族で一緒に何かをするときに参加したがらなくなりました。めそめそした声のトーンで話し、少しでも何かあると泣き出してしまいます。ゲームを一緒にやろうと言われても、「できない」と言います。ブツブツと独り言を言いますが、

※嫌がらせやいじめの深刻度によって、本人同士ばかりでなく、学校の先生や相手の保護者を含めた話し合いなど、適切な対応を取る必要がある。子ども同士のことだからと放置せず、普段から子どもが話しやすいような関係や雰囲気づくりを心がける。

親には何を言っているのかはっきり聞き取れません。家でも学校でもこの調子で、アンジーの両親は心配になりました。

アンジーの行動の目的は、「あきらめたい」という欲求です。心が折れてしまっているのです。「私は無力で、役に立たない。何も私にさせないで。ほっておいて」と言っているかのようです。

「あきらめたい」欲求を持つ子どもは、自分がいかに何もできないかを誇張し、自分はバカで不器用なんだと主張します。親はこんなときに、子どもをかわいそうと思い、叱責することはほとんどありません。ただ、何を言っても子どもの気持ちを変えることができないので、イライラすることもあるでしょう。

「あきらめたい」欲求の対応策

この目的を持っている子どもへの対応策は、次の5つのステップです。

1 子どもが「何もできない」と思わないこと

子どもを「かわいそう」と思ったり、おだてたり、他の兄弟よりも甘やかしたりしないこと。子どもに対してかわいそうと思うことは、子ども自身の自己憐憫《じこれんびん》を増長し、また子どもにも「自分は何もできないと、親からも思われているんだ」と感じてしまいます。自分をかわいそうだと思う気持ちがあると、本当に無力感でいっぱいになってしまいます。

子どもができるはずのことを手助けしてしまうと、子どもは意識してずっと悲しそうに振舞うかもしれません。そうすれば、誰かが手助けをしてくれるのですから。

このまま成長すると、**ある時点ではうつという診断になることもあります。**※

2　子どもに対する期待を変える

今までに子どもがしてきたことを思い出して、あなたにはいろいろなことができるんだよという気持ちで接しましょう。

※うつ病の症状に「無気力」「意欲が失せている」というものがある。著者の意図として、うつ病になるのがダメというネガティブな意図ではなく、「あきらめたい」欲求がうつの症状と解釈される可能性がある、という意味で書かれている。

3　同情せず気持ちに寄り添う

「これはちょっと難しすぎるね。やってあげる」という代わりに、「難しくてできそうもない、という気持ちになっているのかな？」と声をかけましょう。

4　やってみることが大事と伝える

子どもにはできるはずとわかっていることでも、子どもが「できない」と言ったら、「できなくてもいいからやってごらん」と勇気づけます。

5　子どもが自信を持てるようなアクティビティをする

必ずできると思われる小さなことから始めて、徐々に難易度をあげて少しずつ自信をつけさせましょう。

8歳のリズは、算数が苦手でした。授業中に算数の課題が出されてからだいぶ時間がたつのに、まだ始めてもいないことに、先生は気づきました。

リズに「どうしてやらないの？」と尋ねると、リズはこわごわと「できないの」と答えました。先生が「課題のどの部分だったらできそう？」と聞くと、リズは「何もない」という感じで肩をすくめました。先生は「名前は書ける？」と聞くと、リズはうなずき、先生は少しその場を離れました。

リズは名前を書きました。先生が戻ってきて、「次のふたつの問題をしてみようか」と声をかけ、リズも了承しました。

このようにして、少しずつ問題を解くように励まされ、課題のほとんどを終わらせました。量が多くて大変に思える課題を細かいステップに分解することで、前向きな気持ちで取り組むことができたのです。

9歳のケビンは、英単語を辞書で調べて意味を書き出すという宿題にまったく手をつけていませんでした。父親がそれに気がついて声をかけると、ケビンは泣き出し、「自分はバカだからできないのだ」と言いました。宿題が多いことにいっぱいいっぱいになってしまい、取りかかる前から戦意喪失してしまっていたのです。

父親は、宿題を小さなステップに分解して、助け舟を出すことにしました。

最初の3週間は、父親が辞書で単語を調べて、ケビンが意味を書き出しました。そして慣れてくると、今度はケビンと父親は交代で辞書を引きました。

この調子で少しずつケビンの担当を増やしていき、最後には父親の助けなしにひとりでできるようになりました。数カ月かかりましたが、ケビンの学校での成績は上向きになり、父親との関係も良好になりました。

無力感にとらわれてしまっている子どもへの励ましは、心からのものであるように気をつけてください。「あきらめたい」欲求を持つ子どもは、とても繊細で敏感なので、親の励ましが真摯なものではないとすぐに気がつき、心を閉ざしてしまいます。

	子どもの行動の目的	親ができる対応
	□注目してほしい	□目を合わせず、言葉もかけない □（言葉なしに）子どもが「愛されている」と感じられることをする □イライラを感じた瞬間に行動する □注目してもらいたいときにどうすればいいか、適切な方法を教える
	□主導権がほしい	□命令ではなく選択肢を与える □同じ土俵でけんかをしない □優しく見守る気持ちで子どもを見る □争わず、あきらめない □適切な形で主導権を譲る □ウィン・ウィンの話し合いの仕方を教える
	□復讐したい	□仕返しをしない、傷つけない □関係を修復する □自分の行動に責任を取り、間違っていたら謝る □傷ついた気持ちを表現する適切な方法を教える
	□あきらめたい	□おだてない □同情しない □子どもの代わりに何かをしてあげない □子どもが自分にも何かができると思えるような状況をつくる □少し難しくても、タスクを小さくしてひとつずつこなしていくことで、「自分にもできるんだよ」と教える

子どもの行動の目的

親の気持ち	注意されたときの子どもの反応	子どもの気持ち	
□子どもに対してイライラする □「○○と言ったでしょ」と何度も言ったり、説得したくなる	□注意されると、そのときはいったんおさまる	□親が見ていてくれたり、一緒に何かしてくれているときだけ自分の存在に意味があると感じる □愛されるとは、ずっと見ていてもらえること	
□ムカつく・カチンとくる □その場と子どもをコントロールしなければという気持ちにかられる □自分の権威を脅かされたような気持ちになる（そんなことをして（言って）、ただではすまない、親の言うとおりにさせる、という気持ち）	□反抗的な態度がさらに悪化する □優位な立場に立とうとする、勝ちたがる	□自分の思いどおりに振る舞いたい □親に自分の思うとおりにしてもらいたい □子どもだからといって、あれこれ指図はされたくないと親に思い知らせたい	
□傷ついている □怒っている □「どうしてこんなひどいことをするの（言うの）？」と感じる	□仕返しをしたい □わざと親に嫌われるようなことをする	□自分も傷つけられたのだから、誰かを傷つけたい	
□絶望的な気持ち □イライラする □子どもをかわいそうに感じる □一体どうしたらいいのか、わからない	□注意をすることがほとんどないので、反応がない □トライする意味がないと感じる □受け身	□何をしてもダメなんだから、何もする意味がない □私はいる意味がない □ほっておいてほしい	

子どもの行動の目的を見分ける練習問題

【問題】メアリーの行動と先生の反応から、子どもの目的を見分けましょう。

1．メアリーは、鉛筆で机をコンコンとたたいていました。先生はメアリーにやめるように言いましたが、メアリーはやめません。

先生はついにキレて、「やめるように言ったでしょう！」と叫びました。メアリーは「やめないし、やめさせるなんてできない！」と返しました。

2．メアリーは鉛筆で机をコンコンとたたいていました。先生はメアリーに「メアリー」と声をかけました。メアリーはすぐにやめて、「先生ごめんなさい。ＡＢＣをぜんぶ言いましょうか？」と言います。先生は「いいえ、今はいいわ、メアリー。自分の番を待ってね」と返しました。

ところが、メアリーは食いさがります。「でも全部知っているんです、今言ってもいいですか?」。先生はあきらめて、「そうね、じゃあいいわ」と、メアリーにABCを言わせます。メアリーはわざとゆっくりと言い始め、先生はため息をつきました。

3．授業中、メアリーは突然、両手を机にたたきつけて立ちあがり、「ABCをまたやるなんてバカげてる。そんなのもうとっくに覚えているのに!」と叫びました。

先生はショックを受けて、感情を抑えた声で言いました。「教室でそんな口の利き方は許しません。保護者に手紙を書くので持ち帰りなさい」。

それに対して、メアリーは「そんなの、何の意味もないわ」と言い返しました。「それならもういい、校長室に行きなさい!」と、先生は鋭い声で言い渡しました。

4．授業中、先生はメアリーをあてて「ABCを言ってみて」と言いました。メアリーは「わかりません」と言って足元を見つめました。先生は「あら、メアリー、言えるでしょ」とおだてるような声で言いました。メアリーは肩をすくめて黙っています。

先生はため息をつき、優しい声で「メアリー、最初の文字はなんだっけ? Aって言える?」と言います。メアリーがかぼそい声で「A」とつぶやくと、先生は「よくできたわね、メアリー」と褒めました。

【答えと解説】

1．主導権がほしい

先生は権威を脅かされて怒りを感じている。子どもに注意をしたが無視された。子どもは「私を思いどおりになんてできないわよ」と思っている。

2．注目してほしい

先生はイライラしている。注意をしたところ、子どもは（注目されるという目的を果たしたので）従う。子どもは「私を見て」と思っている。

3．復讐したい

先生は傷つき、仕返しをしたいと感じている。注意しても、メアリーはさらに攻撃をしてきた。子どもは「傷つけられたから、仕返しをしたい」と思っている。

4．あきらめたい

先生はイライラしているが、子どもをかわいそうにも感じている。子どもに対して、注意はしていない。子どもは「ほっといてほしい」と思っている。

第7章

セルフ・コントロールを教える

ご褒美や罰によって子どもの行動を律する方法は、長い目で見ると効果がありません。親が子どもをコントロールするだけでは、敬意に基づいた親子関係は育まれないのです。

また、一方的な関係のもとでは、子どもが責任感やチームワークを学ぶこともないでしょう。この章では、子どもが自らの判断で行動を選択できるようになる方法について学んでいきます。

親のガイドライン

子どもが自立した大人に育つために大切な要素についての説明の前に、まず前提となる親の心構えを確認します。

・親子で問題にひとつずつ取り組む

・親は、穏やかながらも毅然とした態度で臨む
・親自身の問題に注目する
・親は、子どもが「できること」にフォーカスする
・親自身のこだわりを大事にする
・子どもを苦しめない
・子どもとの関係構築を優先する

親子で問題にひとつずつ取り組む

あれもこれも一緒に解決しようとすると、その大変さに親子ともにやる気を失ってしまうかもしれません。ひとつずつ取り組みましょう。ひとつの問題がクリアになると、他の問題も一緒に解決していることがあります。

親は、穏やかながらも毅然とした態度で臨む

子どもに優しくするだけで言うべきことを言わなければ、自立した大人に育てることはできません。また、厳しくするだけでは、「（表面的に）いい子」に振舞う子ども

になったとしても、親子の心の結びつきは育めません。

「ときには優しく、ときには厳しく」ではなく、子どもと関る場面の一つひとつにおいて、穏やかながらも毅然とした態度を取ることが求められます。穏やかさと毅然とした態度のバランスを取るために、次のことを意識してください。

- **ありのままの子どもを愛して受け入れる**
- **子どもを苦しめない**
- **子どものしりぬぐいはしない**
- **親自身の権利を子どもに侵害させない**
- **注意しても改善しないときには、そのままにせず必要な行動を起こす**

ある母親は子どもたちに「テレビを見ながらご飯を食べてもいいけれど、散らかったらきちんと食事のあとに片づけること」という約束をさせました。でも子どもたちはいつも片づけるのを忘れ、母親はそのたびに子どもたちに怒鳴っていました。

穏やかながらも毅然とした態度で臨むと、この場合は次のような解決策がひとつ考えられます。

後片づけをせずに放置された皿などをキッチンに運んでから、明るく毅然とした声でこう伝えます。

「片づけをする約束を守れなかったから、明日からしばらくはテレビを見ながらご飯を食べるのはやめましょう。また1週間後に、テレビを見ながら食べてもいいわよ」

子どもたちは、なんとかして母親の気持ちを変えようと躍起になるかもしれません。ここで、子どもたちと議論したり、くどくど説明したりしないでください。議論してしまうと、主導権争いに発展するかもしれません。そもそも、説明するまでもなく子どもたちにも母親の言っていることは理解できるでしょう。

約束を守れなかった結果については、毅然としつつも、笑顔を向けて愛情を示します。その際に言葉は必要ありません。子どもたちが文句を言い続けていたら、その場を離れます。

親自身の問題に注目する

先ほどの例では、子どもたちに「あなたたちが後片づけをしなさい」という方法もありました。でも、親自身の問題について話すほうが、こうしなさいと一方的に言い渡すよりも、子どもの協力は得られやすいのです。

この例の場合、親が問題と感じているのは、「居間をきれいにしておきたい」という欲求が満たされていないことです。このような伝え方をすることで、自分の欲求を素直に伝えるお手本を見せることにもなります。

例えば、私と夫の間で次のようなことがありました。

ある晩、夫は居間で読書をしていました。先に寝室に行っていた私は、夫に呼びかけました。

「明日の朝は早いんでしょう。早く寝たほうがいいんじゃない?」

それに対して夫は、うるさいなと言いたげな感じで「わかった、わかった」と答えました。15分ほどあとに、私が「あとどのくらい?」と呼びかけると、夫はキレ気味に叫びました。

「わからないって言っただろ！」

少し考えてから、**私は彼の問題に首をつっこむのはやめて、自分の問題について話すことにしました。**※

「私も明日の朝は早く起きないといけないの。あなたが夜遅くベッドに来ると、どうしても目が覚めてしまうの。ベッドに来てそこで読書をするか、居間で遅くまで読書をしたいなら、そのあとは客間で寝てもらえる？」

すると彼はこう言いました。

「今日はここまでにして、もう寝るよ」

親が子どもの問題に口を出すと、子どもは親が責任を持っていろいろしてくれると勘違いします。それでは子ども自身で考えて行動することを学べません。

※アドラー心理学の特徴のひとつである「課題の分離」は、目の前にある問題が「本来誰のものなのか？」を明確にすることを提唱している。この場合、妻である「私」が問題だと感じているのは、夫の就寝時間が遅いと自分の睡眠の妨げになること。夫に対して「早く寝たら」と要請するのではなく、問題の当事者である自分には何ができるかを考え、相手に選択をゆだねる形で呼びかけたところ、夫は問題の本質を理解して、協力することにした。

左ページの表に挙げた言葉かけの例を見てください。「今まで」のほうは、親自身が聞いて育った言葉かもしれません。「これから」のほうでは、自分の欲求を尊重する言葉かけの例をあげています。

自分の欲求に重きを置いた伝え方は、最初のうちは実践が難しいかもしれません。でも、「自分は何を問題と感じているのか？」「何を解決したいのか？」を明確にすることで、何をどのように伝えればいいかわかるようになるでしょう。あくまでも、子どもではなく自分の問題について考えましょう。

親は、子どもが「できること」にフォーカスする

子どもは、親から1日に何百もの命令を聞いています。「起きなさい」「学校に行く時間だよ」「服を着替えて」「朝ごはんを食べて」「お皿を片づけて」「歯をみがいて」「髪をとかして」「宿題は持ったの？」「靴を履いて」「おもちゃを片づけて」「テレビを消して」「こっちに来なさい」……。

朝からこれだけ大量の命令形の言葉を聞かされたら、聞き流されて終わりでもおかしくないでしょう。しかも、命令形の言葉は、だいたい冷たい声色で発せられます。

今まで		これから
遅くまでテレビを見るのはダメだよ	→	夜9時以降は居間を独占したい（子どもには居間にいないでほしい）
けんかはやめて！怪我するよ	→	けんかして家やモノが壊れるのは困る
そろそろバイトでも見つけなさい	→	家計を助けるために、服は自分で買ってね

小言をシャットアウトする子どももいるでしょう。

けんかになると、誰でも自分が正しいと主張するのに躍起になり、お互いに相手がどうすべきかで言い争います。

ここで一歩立ち止まって、「自分にできることはなんだろう？」と自問してみましょう。相手のことよりも、自分ができることにフォーカスして、良好な関係を保ちながらでも、相手の行動に影響を与えることができます。言葉よりも行動で示しましょう。

例えば、朝の準備の時間に、子どもに歯ブラシや髪をとかす櫛《くし》を手渡すなど、**ちょっとした行為で子どもを応援していることを示しましょう。**※

※子ども自身がするべきタスクを代わりにしてしまわないように注意する。

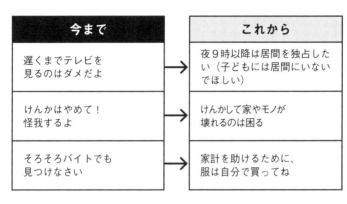

ある家庭では、子どもたちが夕食前にダイニングテーブルにナイフやフォークとお皿を置いて、食事の準備を手伝う約束になっていました。でも、子どもたちはいつも忘れてしまいます。

何度も小言を言うのに疲れた母親は、ある晩、料理が乗った大皿だけをダイニングテーブルに置き、椅子に座って静かに待っていました。子どもたちがやってきて、「ママ、何を待ってるの？」と聞きました。母親は「あなたたちが手伝ってくれないから待たなきゃいけないのよ！　いつも言っているじゃない！」とは言わずに、シンプルに答えました。

「食器と、ナイフやフォーク（カトラリー）」

子どもたちは走って食器棚に行って、それらをテーブルに運び始めました。

別の家庭では、母親が子どもたちに脱いだ服を洗濯かごに入れるように口をすっぱくして言っていましたが、一向に効果がありませんでした。

ある日、母親は言いました。

「これからは洗濯かごのものしか洗濯しません」

そして、本当に洗濯かごにあるもの以外は洗いませんでした。子どもたちは、母親は本気なんだと悟り、すぐに脱いだものを洗濯かごに入れるようになりました。

どちらの場合も、母親が子どもに何度も注意するのをやめた結果、親子の関係がより親密で温かいものになりました。

親自身のこだわりを大事にする

本来、子ども自身の問題は親のものではありません。でも、ときには親にとって譲れない、とても大切な問題もあります。

例えば、思春期の子どもが夜遅くまで出かけて、睡眠不足になっているという場合を考えてみましょう。睡眠不足は、子ども自身の問題です。でも、親として子どもの安全が心配なのは当然のことです。そのこだわりは大事にしましょう。

ただ、子どもに「睡眠不足にならないように、夜11時までに帰りなさい」と一方的に言っても効果は薄いでしょう。子どもへの言葉かけを工夫する必要があります。

例えば、「あなたは、自分で自分のケアができると私は信じている。でも、夜の帰りが11時を過ぎると、何かあったかもしれないと心配になるの。これは私の問題だけど、私が気をもむ理由を理解してほしい」と真摯な気持ちで伝えてみましょう。

子どもを苦しめない

親はどこかで「子どもは痛い目にあわないと学ばない」と考えている節があります。自分が成長する過程で、自分の親から無意識のうちに感じ取っていた思い込みかもしれません。でも、このような思い込みは、子どもに接するときの声のトーンや態度に現れます。

私が以前働いていたサマーキャンプに参加したトムは、食事の前に手を洗わず、母親をいつも悩ませていました。母親から話を聞いていた私は、キャンプ場に到着したトムに明るく話しかけました。

「トム、手を洗うかどうかはあなたの選択だけど、食事のときに手が汚くて、雑菌が繁殖して誰かが病気になるのは困るの。それを防ぐために、手をきれいに洗った子だけに食事をしてもらうね」

その日の昼食時に、トムは私を試してきました。汚い手を洗わずに食事の席に来たのです。私は無言で手を伸ばして、彼のお皿を下げました。すると彼は、私の真ん前の席に座り、食事の間中、ずっとニヤニヤ私の顔を見ていたのです。私は自分がイライラしてくるのを感じました。トムは、ご飯が食べられないことにはまったくおかまいなしのようでした。

とうとう私は、不機嫌さをあらわにした声でトムに言いました。

「夕食まで何も食べられないわよ！」

私は自分の間違いにすぐ気がつきました。私がこのように言ったことで、彼の選択の結果は罰になってしまったのです。母親と同じように、私もトムとの主導権争いにはまってしまいました。私自身も、どこかでトムが痛い目をみなかったら学ばないと思い込んでいたのでしょう。

親は子どもに学んでほしいだけで、苦しめたいわけではありません。子ども自身が素直にそう感じることができれば、子どもはより協力的な態度になります。

子どもとの関係構築を優先する

子どもと愛情で結ばれた関係を構築することに全力を注ぎましょう。誰が正しくて誰が間違っているか、誰が主導権を握っているか、ということよりも、お互いの気持ちを理解することが何よりも大切です。

お互いの気持ちを理解できれば、子どもの振る舞いに対して、より効果のある言葉をかけられるようになります。人間関係ができていないのにルールだけを押し付けようとしても、反抗されるだけです。

子どもが何かをしたときに思わず怒鳴りそうになったら、「私の望みは何だろう？自分が正しいことが大事なのか、言うことを聞かせたいのか、それとも子どもとの関係を築きたいのか」と自問しましょう。

感情のセルフ・コントロール

アメリカには「タイムアウト」という、昔からよく使われるしつけの手法があります。子どもが癇癪を起こしたり、兄弟をぶったりしたときに、子どもの気持ちを落ち着かせるために、ひとりになれる場所に行かせるというものです。

でも、親が怒った顔や声のトーンで「もうたくさんだ！　部屋に行きなさい！」と子どもを追いやってしまうと、タイムアウトは子どもをコントロールするための罰になってしまいます。

子どもはこのとき、親から「お前なんか嫌いだ。あっちに行け」というメッセージを受け取ります。いつ部屋から出てきていいかも親が決めていると、子どもは自分の感情をコントロールする方法を学べません。

タイムアウトが罰のように使われると、子どもは怒りを感じます。そんな気持ちでは、次に同じことが起こったときにはどうしたらいいか、考える気にもなれないでしょう。タイムアウトの間に考えることは、「こんなのバカげている。本当にムカつく！　フェアじゃない！」といったものになります。

罰として使われるタイムアウトは効果がありません。それよりも、自分で気持ちを落ち着かせる方法を教えるほうがいいでしょう。子どもに、親や他の人に頼らずに、自分で気持ちを落ち着かせることができると教えましょう。気持ちが落ち着いたら、その前まで起こっていた問題についてあらためて考えて、解決方法を見つけます。

気持ちが落ち着く場所を、子どもと一緒に考えてみましょう。子どもの部屋でなくてもかまいません。キッチンでも書斎でも、居間のすみでもいいでしょう。悪天候でなければ庭やバルコニーなどでもかまいません。

自分で気持ちを落ち着かせるために、子どもが必要だと思うもの（お気に入りの毛布など）を一緒に持って行くように促します。静かな音楽を流せるデバイスや本、お絵かきセットなどでもいいでしょう。

子どもが自分で気持ちを落ち着かせることを学ぶためには、親がお手本を見せるのが一番です。最初のうちは一緒にその場に行き、その方法を教えます。

落ち着くためのスペースの壁などに、次のことが書かれた紙を貼っておきます。

- いまおきているもんだいはなに？
- わたしがなにをしたから、このもんだいがおこったの？
- もんだいをかいけつするために、わたしができることは？

気持ちを落ち着かせるためのステップは次のとおりです。

- 子どもと同じ目の高さになって、目を見ながら静かに語りかけます。
- 一度だけゆっくりこう言います。「休憩が必要みたいだね。あなたの落ち着く場所に行こう。気持ちが落ち着いたら戻ってきてね。問題について一緒に考えよう」
- 子どもが落ち着く場所に行かなかったら、抱っこするか、優しく手を引いて一緒に行きます。
- 子どもが戻ってきたときに気分が落ち着いていたら、何もする必要はありません。もし落ち着いていなかったら、無言で落ち着く場所に送り返します。状況によっては、何度も繰り返すことになるかもしれません。忍耐強く、あきらめないことが必要です。

「気持ちが落ち着いたら戻ってきて」と子どもに伝えることで、気持ちが落ち着いているかどうかは自分で判断するのだと教えます。従来のタイムアウトの方法では「〇〇分たったら戻って来なさい」と言うのが一般的ですが、それだといつ子どもが落ち着くのかを親が勝手に決めていることになります。

タイラーが2歳半くらいのとき、友人を自宅に招いて一緒にご飯を食べていました。タイラーは食事に飽きて、いたずらを始めました。私はタイラーに「やめなさい」と言いましたが、一瞬おとなしくなっても、またすぐに騒ぎ始めました。

私はタイラーを抱っこして別室に連れて行き、「落ち着いたら戻って来ていいよ」と言いました。タイラーはすぐさま戻って来て、また騒いでいます。私は無言でタイラーを別室に連れて行きました。今度また戻って来て騒いだときは、夫が代わりに別室に連れて行きました。

ふたりで合計14回くらい、これを繰り返していたと思います。14回目のあと、彼は1時間ほどずっとお行儀よくしていました。

一緒に子育てをするパートナー同士で意見が一致している場合は、ふたりで協力することができます。「14回も！　そんなことをする余裕はない……」と思うかもしれません。確かに、最初のうちは忍耐力が必要です。でも、一貫してこの方法を使うことで、タイラーも私たちの方針を理解して、より協力的になりました。

子どもが落ち着く場所に行ったほうがいいなと思ったとき、パートナー同士で、無言で交わせるサインを決めておくといいでしょう。私の友人夫婦は、ピースサインを使うことにしていました。ある幼稚園では、この落ち着く場所のことを「ハッピー・プレイス」と呼んでいました。子どもがそこで気持ちを落ち着けることで、ハッピーな気持ちでみんなのところに戻って来られるからです。

子どもの目的が主導権争いや復讐である場合には、落ち着くスペースに行かせようとするだけでバトルになることも考えられます。そのときは、**親自身が自分の落ち着くスペースに行きましょう。**※

※自分で自分を落ち着かせる方法を子どもに教えるためには、まず親が自分の落ち着くスペースをつくり、必要に応じて実践してみせること。

ルールを決める

ルールは本来、他人の振る舞いをコントロールしたり、操作するためのものではありません。多くの人が誤解していますが、ルールは「ここまでは受け入れられる。ここから先は受け入れられない」という境界線（バウンダリー）を明確にするためのものです。親が自分自身を守るために設定するもの、と考えてもいいでしょう。

ある母親が、ふたりの10代の子どもたちとバスケットボールをしていました。子どもたちは次第に競争心をむき出しにして、ヒートアップしたプレーを続けました。母親は「そんなふうにプレーするのは楽しくないから、私はやめるわ。もっと楽しくプレーしたくなったら呼びに来て」と言って家に入りました。

この例のように、ルールは親自身の欲求を満たすものであって、他人の振る舞いを規定するものではありません。

なぜ子どもにルールが必要か？

家庭内で親が必要だと思うルールを決めることによって、子どもはまわりの人を尊重することを学びます。ルールによって安心感を与えるという側面もあります。まったくルールがなければ、子どもは親にかまわれていないと感じ、混乱します。また、「どこまで無茶をすれば止めてくれるのか」と、親を試すような行動に出ることもあります。ルールがあることで、自分は親に気にかけてもらっていると感じるのです。

他人と意見が対立したときにも、ルールのおかげで対応できるという場面があります。他人のルールを尊重しなかったらどうなるでしょうか。あるいは、他人が子どものルールを尊重しなかったらどうでしょう。

子どもも、自分が何者であるかを知るためにルールが必要です。親がきちんと何が良くて何がダメかというバウンダリーを設定する姿を見て、子どももバウンダリーを設定することを学びます。

バウンダリーは、子どもたちが社会的には何が良くて何がダメかを学ぶ助けにもなります。「ここまではＯＫ」という線を越えた場合には、その行動に対する好ましくない結末が待っています。破ったルールによっては、牢屋に入るなどの代償が伴う場合もあります。

ルールが必要なとき

明確なルールが必要なのは、どういったことでしょうか。

・親の所有物の扱い
・テレビの視聴時間やネット、ゲームの時間
・スマートフォンやタブレットの扱い
・子どもの就寝時間
・親の時間
・子どもの好ましくない振る舞い（暴言や暴力）

・食事の時間
・お手伝い
・ペットの世話
・車の運転に関すること

これらについては、親子でよく話し合ってルールを決めたほうがいいでしょう。もちろんこれはすべてを網羅したリストではありません。家庭の事情にあわせて、何が大切か話し合ってみてください。

ルールが破られたとき

ルールが破られたかどうかは、親自身がどう感じているかでわかります。

・怒りや憤りを感じる
・利用されたような気持ちになる
・攻撃されているような気持ちになる

・尊重されていないと感じる
・どうすればいいか決められずに思い悩む
・息がつまりそうに感じる

このような気持ちになったら、ルールが破られたか、あるいは親自身が明確なルールを確立していないかのサインです。

ルールを決めることに親自身の抵抗がある場合

ルールを決めて実際に遂行できるかどうかは、自分が子どもだったときに親にどんな育て方をされたかに左右されます。

放任主義の親のもとで、ほとんどルールのない環境で育った場合には、親になったときにルールを決めることを苦痛に感じます。同様に、「子どもは黙っていなさい」「お前はわがままだ」「子どもは口出しするな」というような言葉を聞いて育った場合にも、ルールを決めるのに抵抗を感じることがあります。

また、自分の意見を主張するなと教えられてきた場合（傾向として女の子に多い）、親になっても自分にはルールを決める資格がないと感じている場合もあります。あらゆる種類の虐待（精神的・肉体的・性的なもの）や、ドラッグやお酒の中毒になっている人がいた家庭で育った場合も同様です。

子どもに身体的な障害があったり、病気がちだったりすると、ルールを決めることが難しい場合もあります。例えば、自分の親が自己犠牲の姿勢を見せ続けたとしましょう。そうすると、自然と「親と同じように、私も自分を犠牲にしてまわりの人を助けなければ」と思うかもしれません。自分自身に課してしまった期待感によって、ルール設定を難しくしてしまうのです。

あるいは、働きすぎだったり、離婚していたりという自分の選択について罪悪感を感じているため、子どもの言動に制限を付けられない場合もあります。

子どもと対立するのを恐れて、ルールを決められない親もいます。ルールを決めたら、もしかして子どもが腹を立てて親を拒絶したり、家を出たりするかもしれないと恐れているのです。

さらに、ルールを決めても何も変わらないと思っている場合もあるでしょう。ルールを決める代わりに、違う形で問題を解決しようとすることもあります。

・何も起こっていないふりをする（状況を受け入れられない）
・問題を無視して、そのうち良くなるだろうと期待する
・自分の気持ちを否定する
・子どもに甘く、不適切な行動も許してしまう
・起こったことを何度も反芻して意味づけをしようとする
・自分自身や他人を責める
・他の人にやつあたりする
・子どもに対して怒りを感じることに罪悪感がある
・どうでもいいふりをする
・愛情やコミュニケーションを控える

ルールを決めて、きちんと子どもに守らせるように工夫することで、親のこうした言動は必要なくなります。

ルールを決めたときに起こり得ること

今まであまりルールがなかったところに、「これからはこのルールでいきましょう！」と宣言したら、最初のうちは子どもの振る舞いは悪化するかもしれません。子どもは、親を試す行動に出たり、何としても以前の状態に戻そうとします。ルールを決めた途端、魔法のようにすべてがかなうわけではありません。その点は念頭に置いてください。

〈ルール設定のステップ〉

1 自分の気持ちを大事にする。感じている気持ち自体にポジティブもネガティブもない。

2 自分の希望を明確にする。何を大切にしているか。何をするつもりか（あるいは、何をしないつもりか）。

3 「アイ・メッセージ」（17ページ参照）を使って家族に伝える。誰かを責めたり、辱めたり、罪悪感を持たせたり、誇張したり、文句を言ったりしない。

4 反対意見が出てくることを想定して、ブレない覚悟をする。ルールに一貫性を持たせて、

「こうする」と伝えたことは必ず実行する。「こうする」と伝えたのに実行しない場合、子どもの信頼を失う。親が実際に行動を起こして、はじめて子どもはルールを理解する。

2歳の男の子と父親が、ドーナツ屋さんにいました。男の子はドアのあたりをうろうろしていて、父親は子どもがそのうち怪我をするか、他のお客さんの迷惑になると気にしていました。

「マイケル、こっちに来なさい！」と何度も言いましたが、子どもは意に介せず、好きなことをしていました。父親は再び「マイケル、こっちに来て座りなさい。さもないと帰るぞ」と叫び、やっと立ち上がって、子どもを抱っこして隣に座らせました。マイケルは身体をくねらせて父親の手をのがれると、またドアのところに戻りました。父親は大声で叫びましたが、結局ドーナツ屋さんを去りませんでした。

父親は、マイケルに自分の隣に座っているか、そうでなければ家に帰るかという選択肢を与えるべきでした。そして、最初に注意したあと、マイケルがまたドアのところに行ったときに、本当にお店を出て家に帰るべきでした。もし、父親自身が帰りたくなかったのであれば、「言うことを聞かなければ帰る」という選択肢は提示すべきではなかったのです。

実行するつもりがないことを選択肢のひとつにするのは、ただ単に子どもを脅していることになります。そして、こうすると言ったことを実行しないでいると、子どもは親を試してきます。子どもに選択肢を与える際には、必ず自分が実行するつもりがあるものだけにしましょう。

選択の結末

自分が選択して取った行動には、必ずなんらかの結末がついてまわります。

この結末には、ふたつの種類があります。

ひとつは「自然な成り行き」です。子どもが取った行動に対し、誰も介在しない場合に起こる結果を指します（例「歯をずっとみがかないでいる」→「虫歯になる」）。

一方、子どもの行動に対して「○○をすると××になるよ」と親が事前に決めて、子どもに伝えていた結果のことを「論理的な結末」と呼びます。ひとつずつ見ていきましょう。

自然な成り行き

自然な成り行きは、子どもの取った行動に対して、親が介入しなかった場合に起こります。自然な成り行きに任せるのであれば、親はただ見守るだけです。子どもはその経験から大事なことを学んでいきます。

母親は最近、12歳の娘ジェニーが忘れ物をするようになったと気がつきました。「親が子どもの持ち物をチェックしていたら、子どもはいつまでも忘れっぽいままだ」という言葉を知っていた母親は、自然な成り行きで子どもに学ばせようと決めました。

ある午後、ジェニーは家庭科の宿題を一生懸命していました。スカートをつくるという課題で、翌日が提出日でした。

翌日の朝、ジェニーは学校に出かけるときに慌てていて、スカートのことを忘れていました。そのとき母親は、ジェニーがスカートをカバンに入れていないことに気がつきましたが、声をかけたい衝動を抑えて、自然な成り行きに任せることにしました。

その日の午後、ジェニーが電話をしてきて、学校にスカートを持って来てくれないかと頼みましたが、母親は明るく断りました。

もし母親が学校にスカートを持って行っていたら、ジェニーが自分の行動の結果から学ぶチャンスを奪っていたでしょう。母親も「だから言ったでしょう」といったことは一切言いませんでした。もし言っていたら、ジェニーは宿題をカバンに入れるのは自分の責任だったことよりも、母親の批判的なコメントにフォーカスしてしまっていたはずです。

自然な成り行きは、次に説明する論理的な結末よりも効果的なツールです。でも、自然な成り行きを使うことがふさわしくない場面もあります。

・自然な成り行きに任せていると危険な場合

（例）道の真ん中で遊んでいると、交通事故にあうかもしれない。

・**自然な成り行きが親や他人の権利を侵害する場合**

（例）子どもが注意されたあとでも、まだ音楽を大音量でかけている。

・**自然な成り行きに任せたとき、その結末が明らかになるまで長い時間がかかる場合**

（例）ずっと歯をみがかずにいると虫歯になる。

論理的な結末

感情のセルフ・コントロール、ルールの設定、自然な成り行きといったツールを使ってもうまくいかない場合には、「論理的な結末」を使います。

前提として、子ども自身が、なぜその結末になるのかを理解していることが大切です。例えば、窓ガラスを割ってしまった子どもに対して、テレビを見させないようにするのは、そのふたつの事項の関連が明確ではありません。子どもは、それを罰だと感じて反抗するでしょう。

一方、窓ガラスを修理するために、車の掃除などのお手伝いをしておこづかいを稼ぐことは、直接のつながりがあります。罰ではなく、自分のミスを償うことを学んでいると感じることができます。

論理的な結末を使う際には、次の3つのことに気をつけてください。

- 子どもの気持ちを傷つけない
- 子どもの行動に対する結末が適切であること
- 子どもの行動との関連があること

子どもの気持ちを傷つけない

子どもに対して、常に丁寧に接しましょう。論理的な結果を何にするか決めるときに、できるだけ子どもの意見も聞きましょう。論理的な結果は罰ではありません。子どもに罪悪感や恥の気持ちを感じさせるような言動はやめましょう。

子どもの行動に対する結末が適切であること

子どもの行動に対して、論理的な結末が適切なものかどうかに気を配りましょう。必要以上に厳しすぎる結末は罰だと受け止められ、その効果を失い、また子どもは反抗的な態度になります。

子どもの行動との関連があること

子どもの行動と関係のある結末を選びましょう。子どもが何かをこぼして床を汚したら掃除をさせる。誰かをぶったりしたら、その相手の痛みをやわらげる。何かを壊したら、修理するか新しいもので返すなど。

罰は怒りや憤りにつながります。罰ではなく論理的な結末を使うのは、自分の行動の結果が誰かにとって好ましくないものであった場合、その埋め合わせをすることで責任を取ることを教えるためです。

今後の行動にどう影響するか

論理的な結末は、子どもを罰するためではなく、これから先の振る舞いを適切なものにするために使われます。だから、子どもとけんかしている真っ最中に、論理的な結末を使おうとするのはやめましょう。腹を立てている状態で考えつく結末は、罰だけです。

まずは、けんかを中断して、気持ちを落ち着ける時間を取ります。落ち着いたら、子どもと一緒に、２７９ページのワークシートをしてみましょう。

実は、ステップ1と7以外は、第4章で出てきた問題を解決するためのステップ（144ページ参照）と同じです。

おそらくふたりとも、けんかについてまだ気持ちが不安定になっているので、まずは子どもの好きなところを3つ考えます。怒っているときに、クリエイティブな問題解決の方法を思いつくのはとても難しいものです。このステップの目的は、親自身のマインドをシフトして、罰ではなく論理的な結末を考えることです。

ある父親は、ふたりの息子たち（トムとサム）に自転車とヘルメットとカギを買い与えました。ところが、ふたりとも自転車のカギをかけるのをいつも忘れてしまいます。罰やご褒美、そして脅しも、効き目がありませんでした。両親は、どうしたらいいのか、とても困っていました。

そこで、論理的な結末を使うことにしました。落ち着いた気持ちのときに、子どもたちに話しかけました。

父親　「今ちょっといいかな？　困っていることがあって、知恵を借りたいんだ」

子どもたち　「いいよ」

父親　「自転車にカギをかけてって、何回も言っているよね。でも、そう言うと君たちは腹を立てるんだけど」

子どもたち　「……そうだね」

父親　「問題がわかったんだ。君たちに自転車を買い与えたんだから、もうそれは君たちのものだ。カギをかけずにいて盗まれたとしても、私の問題ではない。でも、もし自転車が盗まれたとしたら、それはやっぱり困る。安くはなかったし、また2台も自転車を買いたくない。どうしたらいいと思う?」

子どもたちは、父親に「これからは自転車にカギをかける」と言いました。

父親　「わかった。それで問題は解決だ。もし君たちが忘れたら、私はどうすればいい?」

子どもたち　「わからない」

父親　「じゃあ君たちが忘れたら、私が代わりにカギをかけよう。少しの間それでやってみて、もしもっといい方法を思いついたら教えてほしい」

論理的な結末・ワークシート

1. 子どもの好きなところを３つ考える。
2. いつ論理的な結末を話し合うか、子どもと決める。
3. 「アイ・メッセージ」で、自分が望む状況と、なぜそうなってほしいのかを書く。
4. 子どもが望んでいることと、その理由を聞く。
5. 論理的な結末を子どもとブレインストーミングして書き出す。
6. ブレインストーミングでつくったリストから、子どもにとって受け入れられないもの、大人にとって受け入れられないものを消す。ふたりともが納得のいく解決策を選んで書き出す。いくつかの選択肢を合体させてもいい。
7. 子どもに「一緒に考えてくれてありがとう」と伝える。話し合って決めた論理的な結末を書き出す。
8. 論理的な結末を試す機会があったら、その経験がどうだったかを振り返る。改善の余地があれば、また話し合う。

数日後、トムが家に駆け込んで来て言いました。

「誰かが僕たちの自転車を柱にチェーンで結び付けちゃった！」

母親は説明したい気持ちを抑えて、にっこりしてトムの背中をぽんぽんとたたきました。トムは5分後に外に出て、また戻って来て言いました。

「自転車にカギをかけたよ。チェーンを外してくれる？」

母親は明るく言いました。

「チェーンのカギはお父さんが持っていて、今は仕事に行っているの」

トムは学校に車で送ってくれないかと頼みましたが、「仕事に遅れるから」と言って母親は断りました。

トムとサムは、その日、学校に歩いて行かなければなりませんでした。

父親が帰ってきて、子どもたちがカギをかけていたのを見て、チェーンを外しました。2週間後また同じことが起こり、父親は自転車をチェーンでつなぎました。それ以来、子どもたちは二度と忘れませんでした。

ワークシートのステップ5と6は、省略してもかまいません。

母親　「スー、ちょっとこっちに来て」
スー　「いいよ、何？」
母親　「ひとつ変えたいと思っていることがあってね。最近、いつもあなたに怒鳴っているでしょう。それは嫌だよね」
スー　「うん」
母親　「怒鳴っているのは、あなたがゴミ捨てに行かなくて、私が全部やらないければならないからなの。これについて、どうすればいいと思う？」
スー　「わからない……」
母親　「それじゃあ、こういうのはどうかな。いつもあなたにああしろ、こうしろ、というのは私も嫌なの。ゴミ捨てに行くかどうかもあなたの判断。もし夕方の4時までにゴミが捨てられていなかったら、私があなたをサッカーの練習に送っていく代わりにゴミ捨てをする。つまりね、ゴミを捨てる人か、運転手か、どちらでもいいけど、どちらもやるのは嫌なの。それでいい？」
スー　「ええ、それなら私がゴミ捨てに行くよ」
母親　「ありがとう。それは助かるわ。もし忘れることがあったらどうしようか。

誰でも忘れることはあるでしょう」

スー　「何もしない」

母親　「忘れても何も起こらないのだったら、そもそもそれはやらなくていい仕事だってことになるね。でも実際には、ゴミを捨てなければならない。それなら、さっき私が言った案でいきましょう。他にいいアイディアがあったら教えてね」

論理的な結末を試してみても、うまくいかなかったり事態が悪化したりしたら、それが本当は罰になっていないかを考えてみましょう。

きちんと話し合って決めたものであれば、論理的な結末はポジティブな効果が得られるはずです。子どもが主導権争いや復讐といった欲求を持っていても、同様の効果が期待されます。

想定される子どもからの反論

論理的な結末を考えるとき、子どもから想定される反論についても知っておきましょう。

・「何かアイディアは？」と聞いて、子どもが「わからない」と言ったら
→親が考えているアイディアを実践することに決める。「他に何か思いついたら教えて」と伝える。

・子どもが提案するアイディアは受け入れにくい場合
→「それはやりたくない。他に何かアイディアはある？」と聞く。

・罰を受けることに慣れている子どもが、「もし部屋を掃除しなかったら、お尻をたたいてもいいよ」と言ったりしたら
→「あなたを傷つけることはしたくない。他にアイディアはある？」と聞く。罰を受けさえすればいいのだと思っている子どもには、それが目的ではないと伝える。

・子どもが納得のいくアイディアを出してきたら

↓「それはいい考えだね。1週間試してみよう。ありがとう」と答える。
・子どもが「もう絶対に忘れないから！」と約束してきたら
↓「そうしてくれると助かる。もし忘れたら、どうする？」と聞く。

ワークシートは、眺めて考えるだけでなく、実際に書き込むとより効果的です。

「論理的な結末」短縮バージョン

ワークシートを使わなくても、論理的な結末を試すことができます。短縮バージョンを使って、短時間で解決してみましょう。例えば、子どもがミルクをこぼしたら、汚れをふくタオルを渡すのも、短縮バージョンと言えます。

ある母親は、子どもたちに、脱いだ靴下を丸めないで洗濯かごに入れるように言っていました。でも、いっこうに効果がないので、論理的な結末の短縮バージョンを試すことにしました。

丸まって洗濯かごに入っている靴下は、洗わないことにしたのです。

2週間後、丸まったままの靴下は、まだ洗濯かごに残っていました。母親は何も言いませんでした。数日後、靴下はまだ洗濯かごの中でしたが、もう丸まっていませんでした。それ以来、ふたりの子どもたちは、気をつけて靴下を丸まったままにしないようになりました。

それについて、誰も何も話しませんでした。子どもたちも、ガミガミ言われたという気分にならず、自然と協力しようという気持ちになりました。

選択の結末のまとめ

自然な成り行き

ある行動がきっかけで起こる成り行きの結果。親の仕事は見守るだけ。

論理的な結末

子どもと親が一緒に、問題の解決方法を考え出す。子どもの行動に直接関係のあるもの。この方法が機能するのは、親子の間に良い関係があるとき。

論理的な結末(短縮バージョン)

親がひとりで決める論理的な結末。子どもの行動に直接結びつくもの。

子どもの学びを確かめるには

子どもに学んでほしいことが身についているか、次のことを自問しましょう。

・子どもに注意をしたあと、何が起こったか？　子どもは腹を立てたか？　言葉にはしなくても、他の方法であなたに仕返しをしようとしたか？　子どもは協力的になっているか、それともコミュニケーションを避けようとしているか？

・子どもの自己肯定感は上がったのか、それとも下がったのか？

・子どもは自分のミスを償おうと、前向きな気持ちになっているか？

・子どものモチベーションは、どこからきているか？（外的なものか、内的なものか）

・子どもとの関係はどうか？　コミュニケーションは取れているか？　これから先、子どもが何かミスをしたとき、親に話しに来るだろうか、それとも親を恐れて話さないだろうか？　表面上、親の言うことを聞いているように見えても、親子の関係がダメージを受けていたら、それは成功とは言えない。

・自分の気持ちを話したくなるようなコミュニケーションが取れているか？

・親子ともに、ウィン・ウィンで問題を解決できるようなコミュニケーションが取れているか？

・子どもが自分自身の行動について内省し、そこから学べているか、それとも自分には何の決定権もないとあきらめてしまっているだろうか？

第8章
兄弟関係

子どもたちのけんかほど、親をイライラさせるものはありません。何とかけんかをやめさせようと万策を尽くしても、これといった特効薬がないからです。けんかを途中でやめさせることはできても、そもそもけんかが始まらないようにするのは至難の業です。

兄弟同士はけんかするものだから、仕方がないと考えている親も多いでしょう。また、子ども同士のけんかに、親は介入しないほうがいいという考えから、他の問題より軽く扱われている側面もあるようです。でも、歴史を紐解いてみると、人々が領土や資源をめぐって対立したり、宗教などの考え方の違い、そして人種の違いを理由に争いが起こったりして、戦争にまで発展してしまいます。

だから、意見の対立を平和的に解決する方法を、まず家庭の中で教えていきましょう。子どものけんかが戦争の始まりだと考えるのは、大げさだと思うかもしれません。でも、子どもたちはやがて大人になり、社会のリーダーになります。子どものころからウィン・ウィンの話し合いをするスキルを身につけておけば、将来どんな職業についてもおおいに役に立つに違いありません。

自分の兄弟や友だちとのけんかを平和的に解決する方法を子どもに教えることに

よって、世界平和に貢献できるのです。力によってではなく、協力することで問題を解決する方法を子どもに教えましょう。

けんかを防ぐ方法

力に頼らずにけんかを防ぐ方法を教えていくわけですが、まず家庭内での争いごとから取り組みましょう。親がコーチになって、子どもに教えていくというイメージを持ってください。

セルフ・コントロール

まず親自身が、自分が怒りを感じたときに起こる感情的・身体的な反応を良く知りましょう。問題を平和的に解決する第一歩は、感じている怒りへの反応に適切に対応することです。

1から10までゆっくり数えながら、鼻から深く息を吸って、口から吐き出します。深呼吸をすることで、カッとしてすぐに動くのではなく、一呼吸置いて考える余裕ができます。自ら実践してみせて、子どもに方法を教えましょう。

自分の気持ちを大きな声で伝える

内気で自分の気持ちをなかなか伝えることができないタイプの子どもは、声の大きいタイプの子どもに立ち向かうことができず、憤りを感じていることがあります。もし自分の子どもが大人しいタイプだったら、他の子どもに意地悪なことを言われたりされたりしたときに、「やめて!」と大声を出すことを練習させましょう。ちょっかいを出されたときに、聞こえないような小さな声で言っても効き目がありません。最初のうちは難しいかもしれませんが、練習を重ねて、自分を守るためにはっきりと大きな声を出すことを教えましょう。

交代することを教える

子どもの年齢にもよりますが、兄弟同士の問題は、モノの取り合いが発端になることが多いものです。取り合っているモノがおもちゃの場合は、順番に使う、他のおもちゃと交換して使うなどの方法を教えましょう。タイマーで時間を測って交代させるのも、ひとつの方法です。

お互いへの気遣いを教える

問題の解決策を話し合う際に、お互いの気持ちを気遣うことを教えましょう。兄弟同士のけんかの場合、例えば「エリックは悲しそうだよね。どうしたらいいと思う？」ともうひとりの子に聞いて、実際に考えさせましょう。

仲間に入る方法を教える

どう振舞うと、遊びの輪の中に入れてもらえるかを教えましょう。攻撃的な子どもは、敬遠されてしまいます。子どもが小さい場合は、人形やぬいぐるみを使ってロールプレイをします。

見たままを言葉にする

けんかを目撃したときには、親の目から見て何が起こっているかを価値判断なしに言葉にします。客観的な立場からの「実況中継」を聞くことで、子どもは自分たちがしていることを、一歩引いて見ることができます。逆に、親が責めるような口調で言うと、子どもは反抗するでしょう。

ウィン・ウィンの話し合いをする

お互いの意見の違いをふまえて、問題を解決する方法を探りましょう。話し合いの際には、双方のニーズが満たされるように交渉します。話し合いの結果は、最初に思っていたのとはまるで違うかもしれません。交渉は「妥協」とは違います。妥協は、どちらも満足していない状態です。

子どもが怒り心頭の状態では、話し合いはできません。どちらかが怒っているときには交渉をやめて、ふたりの立場の違いを客観的に表明するにとどめ、落ち着くまで待ちましょう。

チームワークや協力は、交渉するときに欠かせないツールです。「どちらが早いかな」などと煽って競争させるのではなく、「一緒にチームとして協力してやってみよう」という声かけをしましょう。競争ではなく協力が必要なゲームなどをして、ふたりともが勝つという概念に慣れるのもいいでしょう。

両成敗

「ガチャン！」と大きな音がして、何かが壊れました。母親が見に行くと、お気に入りのランプが床に落ちて粉々になっていました。

「誰がやったの？」と子どもたちに聞くと、サラは「マイクがやった」と兄を指さしながら言いました。「やってない！　嘘つき。お前がやったんだ」マイクは叫びました。

「ふたりとも嘘をつくのはやめて。さあ、どちらがやったの？」と母親は問い正しました。どちらも口を利きません。とうとう母親は、マイクに向かって言いました。

「あなたがいつもトラブルを起こすのよね。年上なんだし、片づけなさい！　テレビも1週間見てはいけません！」

彼女は、子どもたちにこれから使えるスキルは教えず、ひたすらネガティブな態度で接しました。落ち着いて対応していたらどうなったでしょうか。

「ガチャン！」と大きな音がして、何かが壊れました。母親が見に行くと、お気に入りのランプが床に落ちて粉々になっていました。

頭に血がのぼるのを感じた母親は、深呼吸をして10まで数え、子どもたちに「間違って壊しちゃったみたいね」と声をかけました。その途端に、子どもたちはお互いを責め始めましたが、母親は子どもたちふたりの肩に両腕をまわし、こう続けました。「ランプが壊れちゃってとても悲しいな。誰がやったかは問題じゃない。片づけるのを手伝おうか？」

3人で片づけたあと、母親は言いました。「クリスマスまで、毎週50セントずつ払って、新しいランプを買うのに協力してくれる？」「でもママ、そんなのフェアじゃない！私がやったんじゃない」とサラは言いました。「他にいい考えがある？」と母親が聞くと、サラは「ええ、マイクが払えばいい。マイクがやったんだから」。

母親は「どちらかの味方はしない。他にいいアディアがあったら教えてね。それまで、

50セントずつおこづかいから引くことにするね」と言いました。

母親の決断はフェアではないと感じるかもしれません。でも、誰にとっても「公平」であることは、とても難しいものです。特に、誰がやったのかが明確でない場合には。そこで母親は、どちらかの子どもに注目することをせず、ふたりとも同等に責任があることにしました。

「トラブルメーカー」の子どもは、親から注目を得られないとなると、その振る舞いを続ける意味がなくなります。そして、最も大事なことは、母親は怒りを感じたあと、まず自分が落ち着くために深呼吸をするところを子どもに見せました。

家族でキャンプ地までドライブしている途中に、子どもたちがけんかを始めました。父親は無言のまま、すぐに安全な場所に車を停めて、外に出ました。

上の子が車から降りてきて「どうしたの?」と聞くと、父親は「後ろの席でけんかが起こっているときに運転したくないんだ」と説明しました。

車に戻った子どもが弟に父親の言葉を伝え、しばらくして「もうけんかしていないよ。行こう!」と父親に声をかけました。

父親は車に戻り、運転を続けました。それ以降、けんかが始まりそうになると、父親はスピードを落としました。そのたびに、言い争いはやみました。

この方法は、運転している場所によっては安全ではないかもしれません。その場合は他の方法を考えましょう。

ある父親は、次の信号までにけんかがやまなかったら家に帰ると伝えました。けんかはやまなかったので、父親は言葉どおり家に向かいました。単なる脅しではなく、本当に実行するつもりがあることだけを選択肢として伝えましょう。

家庭内を平和にするステップ

子どもたちに、けんかをせずに仲良くしなさいと言う前に、まず家庭内の雰囲気を穏やかなものにする必要があります。それだけで十分な場合もあるでしょう。6つの方法を紹介しましょう。

けんかの仲裁をしない

子どものけんかの仲裁をしないというのも、親としての選択肢のひとつです。けんかの目的が「親から注目を浴びたい」という願望のためであればなおさらです。子どもたちがけんかをやめて、落ち着いて話を聞く準備ができたら、親の注意を引くためには、もっと適切な方法があることを教えましょう。

でも、けんかの最中は、その場を離れることです。注目されたくてけんかをしているのであれば、親がいなくなれば続ける意味はなくなるからです。

もしけんかの勢いで家具などを壊されそうだったら、穏やかながら毅然とした態度で、外に出るように促します。誰かが怪我をするかもしれないと思ったら、注意深く見守ることができる場所から観察します。棒切れやおもちゃなど、武器になるようなものは取り上げましょう。

子どもたちが中学生くらいであれば、家を出るのもひとつの方法です。けんかについては何も触れずに、ただ少しの間、家を出ることを伝えましょう。ことさらに子どもたちに罪悪感を持たせる必要も、自分たちが親を追い出したと思わせる必要もありません。

姉と私は、子どものころ、しょっちゅうけんかをしていました。母はあらゆる方法でけんかをやめさせようと必死でした。無理やりお互いにハグさせて、仲直りさせたこともあります。でも、けんかをやめても、お互いに相手に対してまだ腹を立てていました。

ある日、私たちがけんかをしているときに、母がそっと家から出ていきました。母がいないことに気がついたとき、私たちは母に対して気遣いがなかったと反省し、キッチンを片づけました。

母が家を出たことは、どんな罰よりもインパクトがありました。母は、けんかを続けるかやめるかの判断を私たちに任せたのです。母がいない間に、私たちは協力してキッチンを片づけたことで、少しだけ仲良くなりました。

予想外のことをする

ときには、けんかの緊迫感をほぐすために、予想外のことをするのも手です。例えば、子どもたちがお互いの悪口を言っているときに、冗談めかして（傷つける意図ではなく！）加わることもできます。自分たちがしていることには意味がないと思ってもらうためです。

レスリングの真似ごとみたいになっているときは、外を散歩したり、ボール投げをして遊んだりすることを提案するのもいいでしょう。

ジャックは、妹のアンドレアに向かって、「ほんっとにバカだな！」と怒鳴っていました。アンドレアも負けずに「そっちがバカなのよ！」と応戦します。

父親は、このやりとりを聞いて、「おもしろいゲームだね」と明るく言いました。そしてジャックに向かって「きみは冷蔵庫にあるカビの生えた緑のスパゲティのようだね」と言い、アンドレアに「はい、君の番」と言いました。

しばらくの間、みんなで順番にいろいろな表現でお互いをけなし、最後にはみんな大声で笑い出しました。

言いつけない

子どもたちは、親の注意を引いて自分の味方につけるために、相手についての悪口を親に吹き込もうとします。親から注目される適切な方法を教えたり、自分たちで問題を解決したりするように伝えることで、けんかは減るはずです。

「ジャックがたたいた!」と言いつけてきたときは、「あら、それは痛そうね。それであなたはどうするの?」と聞いてみましょう。

嫉妬や怒りへの対応

子どもの気持ちを親がコントロールすることはできません。子どもは(大人もそうですが)、見聞きして体験したことを好きなように解釈します。

したがって、兄弟がお互いに対して嫉妬するのを防ぐこともできません。でも、子どもが「○○(兄弟の名前)のほうが大事なんでしょ!」と言ったりしたら、「それは違う」と明快に伝えます。それぞれの子どもに、あなたはあなたのままでいい、兄弟と違っていてもいいのだと理解させましょう。

ジェニファーは、母親に「私はネイサンみたいに頭が良くないし……」と言いました。それに対して、母親は次のような対応をしました。

「あなたたちが同じである必要はない。ネイサンと違うということが素晴らしいのよ。ふたりとも、それぞれ違うふうに頭がいいわ。ネイサンがふたりいても仕方ないじゃない？　それに、学ぶことが楽しければ、自分でもびっくりすることが起こるかもよ」

兄弟を比べたり、どちらかをひいきしないように注意しましょう。ふたりを「公平に」扱おうとすると失敗します。公平に扱うと、兄弟ふたりともに、自分たちは同じでなければならないのだというメッセージを伝えてしまいます。

親は、兄弟の違うところをそれぞれに尊重して、大事にする。そういう親のもとで育った子どもは、兄弟に対して、ときには嫉妬することはあっても、競争心をむき出しにするほどにはなりません。

兄弟がお互いに対して腹を立てるのは、どんなときでしょうか。

・**おもちゃ、洋服、部屋のスペースなどを共有しなければならないとき。**可能であれば、誰ともシェアする必要がない自分だけのものも与えましょう。

・**いつも兄弟のニーズが自分のニーズよりも優先されるように感じるとき。**それぞれのニーズを、適切な方法で満たしましょう。どちらかが重い病気だったりしたら、これは現実的には難しくなりますが、ベストを尽くしましょう。

・**「兄弟なんだから、怒らないで仲良くしなさい」と言われるとき。**そう言われると、自分の気持ちを抑えなければならないのだと感じてしまいます。適切な方法で表現されなかった怒りの気持ちは体に溜まり、時間とともに激しさを増していきます。

子どもの怒りの気持ちに共感しましょう。「怒っている！」と大声で言わせてもいいでしょう。「ジェイソンなんか嫌いだ！」と子どもが言ったら、「ジェイソンに対してとても腹を立てているんだね」と声をかけます。気持ちが落ち着いたら、問題を解決する方法を教えていきます。

けんかを終わらせる

子どもに新しいスキルを教えるためには、まず子どもの注意を引く必要があります。普段から、家の中がもっと穏やかな雰囲気になるように努力しましょう。そうすることで子どもたちが学ぶ姿勢になります。

例えば、子どもたちがおもちゃの取り合いをしていたら、無言で手を出しておもちゃを渡してもらいます。子どもと同じ目の高さになって、優しく背中に手を置くなどして身体に触れながら、愛情に満ちた眼差しを向けましょう。

子どもからおもちゃを受け取ったら、「ふたりで話し合って、どうしたらいいか決めて、取りに来てね」と伝えます。そして部屋を出て、子どもたちだけで話し合いをさせます。けんかをやめさせるために、「いいかげんにしないと部屋に閉じ込めるわよ！」などの脅しの言葉をかけるのは逆効果です。

ジェニーとアンドレアは、シャツを取り合っていました。たびたびこの件で、ふたりはけんかをしました。母親は、今回はいつもと違う対応をすることにしました。

アンドレア「シャツを返して！」
ジェニー（アンドレアをたたきながら）「それ私のシャツだよ！」
アンドレア（ジェニーをたたきながら）「たたかないでよ！　シャツがやぶれるわ！」
母親　（ふたりの間に割って入り背中を優しくなでながら）「お互いに腹を立てているみたいね」
ジェニー（ちょっと落ち着いて）「ママ、アンドレアが私のシャツを許可なく取ったのよ」
母親　「服をシェアするのはなかなか難しいみたいね」
アンドレア「ジェニーが貸してくれないの！」
ジェニー「だって無断で持っていくんだもの！　着終わったあとに洗ってくれないし。私が着たいときに着られないじゃない！」

このときまでには、ふたりとも少し落ち着いていて、話し合いのスキルを教える母親の声を素直に聞くことができました。母親はどちらの味方もせず、判断をさしはさむことなく、ふたりの話を聞いて、自分たちだけで解決するように促しました。

母親　「アンドレア、どうしたらふたりとも満足できる？　ジェニーはどうしたいのかしら？」
アンドレア「ジェニーは、私がシャツを借りたいときはちゃんと断ってほしくて、そのあとに洗濯して返してほしいと思ってる」
母親　「ジェニー、そういうことかしら？」
ジェニー「そうよ、アンドレアはいつも無断で借りていくの！」
母親　「アンドレアは、ちゃんと断ってから借りる。終わったら洗って返す。それでいいのかな？」
ジェニー「それでいい」
母親　「そうしたら、アンドレアにこう言うの。私がしてほしいことは……」
ジェニー「私がしてほしいことは、借りるときにちゃんと断ってほしい。そして、あとでちゃんと洗って返してほしい」
アンドレア「わかった」
母親　「協力してくれてありがとう。姉妹で服の貸し借りなんていいわね」

母親のコーチングのおかげで、子どもたちは交渉のスキルを学びました。母親が怒鳴ったり、問題を解決したりしていたらそれはできなかったでしょう。

兄弟同士のライバル心

兄弟間の競争心は、一筋縄ではいきません。必ずしも、ふたりが同じことに取り組んで、どちらかが圧倒的に優位に立つという結果になるわけではありません。中には、比較されたくないがために、兄弟がしていることにはまったく手を付けないという子どももいます。例えば、ひとりは音楽に、もうひとりはスポーツに夢中になるといったように。

ひとりに得意な分野があると、もうひとりは自分には才能がないように感じるものです。比較されないようにするために、自分もそれを試してみたい気持ちがあっても、最初からあきらめている場合もあります。でも、興味があるのだったら、兄弟を気にすることなく自分の楽しみ方を見つけることを教えてあげるといいでしょう。

子どもは、他にもちょっとした方法で競争します。「良い子」「悪い子」など、家庭でのポジションができる場合もあります。

ある母親はこんなふうに言っています。

私は、家族の中では「良い子」でした。一方、私の兄はいつも罰を受けていました。ある日、ガレージの奥のほうにハンマーがあるのを見つけて、兄に言いました。「あれ、とっても重そうね。あれでなぐられたら、すごいけがをするね」兄はにやりと笑って、ハンマーを取り上げました。私が「それでなぐったらママに言いつける！」と言うと、兄はハンマーで軽く私の肩をたたきました。私は家に走って行き、「ママ！　お兄ちゃんがハンマーでなぐった！」と叫びました。母は、私が落ち着くまで抱っこして慰めてくれました。そして兄を叱責し、お尻をたたきました。私は、自分の思いどおりになったことに、とても満足しました。

下の子は、必ずしも「犠牲者」でも「かわいそう」でもありません。この例のように、上の子がいつも「悪い子」、下の子が「良い子」であることが多い場合には、「悪い子」のほうにフォーカスしてしつけをしようとするかもしれません。

でも、その結果、それまで「悪い子」だった子が感情をコントロールできるようになり、それほどトラブルを起こさなくなってくると、今度は「良い子」だったほうが困った行動を始める場合もあります。兄弟それぞれの行動パターンが崩れたのです。

今まで「良い子」だった子どもが、今度は困った行動をし始めたことに戸惑うかもしれませんが、実はこれは良い傾向です。親も、「年上だからといって、下の子に対して好き勝手をやっている」とか「年下だから守ってあげなくては」という思い込みで子どもを見ていた部分があるかもしれません。子どもたちを生まれた順によるステレオタイプの思い込みでなく、オープンな気持ちでよく観察してください。

多くの親は、自分たちがいなくなったあとも兄弟同士で仲良くしてほしいと願っているはずです。実際には、将来的に兄弟関係がどうなるかは、さまざまな要素に左右されるので、親がコントロールできるものではありません。親にできることは、子どもたちがまだ家にいる間に、一人ひとりを別個の人間としてとらえて、それぞれの個性を大切にし、兄弟間の対立を解決するスキルを教えることです。

そして、兄弟との比較においてではなく、あなたという存在そのものが本当に大事で愛していることを、それぞれの子どもたちにことあるごとに伝えていきましょう。

第9章

本書のまとめ

自立した子どもに育つ5ステップ

今までに紹介したさまざまな手法のエッセンスを5つのステップにまとめました。子どもの自立を念頭に置いたコミュニケーションを家庭で実践することで、子ども本人だけでなく、親自身や親戚など、家族全体にとっても良い影響があるでしょう。

1 親と子の間で、愛情で結ばれた、お互いを尊重する関係性を構築し、維持する

アイコンタクト、愛情に満ちた言葉のやりとり、優しい声のトーン、スキンシップを通して、自分の意見や気持ちを表現することを促しましょう。

2 子どもの行動の目的を見分ける

子どもの行動の背景に、どんな欲求があるのかを見分けましょう。その際、最大のヒントになるのは、子どもの行動に対する親自身の反応です（第6章）。

3 自分の行動の目的を自分自身で気づく方法を子どもに教える

子どもは往々にして、自分の行動の理由を明確に理解していません。※自分で自分の行動の理由がわかるようになると、違う選択ができるようになります。

「最近どうしてそんなに口応えばかりするの」と言う代わりに、ニュートラルな声のトーンで「きちんと話を聞いてほしい、よく見てほしいと思っているみたいだね」と伝えましょう。

また、親が子どもに対して「自分のことは自分で決めたいと思っているのかな？」と問いかけたり、「あなたにそう言われると悲しい気持ちになる。悲しませようと思ってそういう言動をしているのかな？」と聞いたりするなど、相手の言動を理解したいという気持ちで接することが大切です。子どもと話をする目的は、自分に有利な状況

※大人でも自分の行動の理由を100％理解することは難しい。自分を客観的に観察して思考や情動を理解し、自分の行動を自制できる人は「メタ認知能力が高い」と言われる。

になるような情報を得ることではありません。

ちなみに、感情が高ぶっていて普通の声で会話をすることができない場合は、そのままでは主導権争いになる可能性が濃厚なので、この3のステップは飛ばします。

4「自然な成り行き」と、親が介入する「論理的な結末」を使い分ける

第7章で紹介した、「自然な成り行き」と「論理的な結末」は、子どもが自分の行動を振り返るきっかけになる手法です。

5 親は、子どもに対して次のことをする

- 可能な限り、いろいろな状況で主導権を与える
- 自分には価値があると子どもが思えるようなきっかけをつくる
- 家族みんなで協力すれば、どんなにたくさんのことを成し遂げられるかを感じてもらう
- みんなでしていることに加わって、一緒に楽しむ
- もっと状況を楽しくするために、何ができるかを考える
- 状況を少しでも改善できれば、それが進歩だと意識して、完璧を目指すのをやめる

困った行動をやめるように注意して、実際にそれがおさまったとしても、問題の根本に向き合っていることにはなりません。子どもが持っている行動力をプラスの方向に向けられるよう、親自身がポジティブな言葉かけを心がけましょう。

子どもたちは未来

親がどのように子育てをするかで、究極的には社会の未来が決まります。

子どもに、非協力的で、自分勝手で、無責任で、社会から孤立している大人になってほしいでしょうか。それとも、自分の価値観を大切にし、共感力があり、まわりの友人や家族と親密な関係を築いて、その関係を大事にするような人に育ってほしいでしょうか。

そのカギを握るのは、他でもない私たち親です。

この本を読んで、今までの子育てを振り返って罪悪感を感じているかもしれません。でも、それは本書のねらいではありません。

私は、親としての行動が、どのように社会に影響するのかを伝えたかっただけです。今までよりも、さらにいろいろなことに意識を向けてください。

もっと上を目指せるのに、まあまあのところであきらめないでほしいのです。こんな家族だったらいいなという目標を決めて、理想に近づくために精いっぱいの努力をしてください。みなさんにはできるはずです。この本をここまで読んでくれたということが、みなさんの理想の家族をつくりたいという強い決意を証明しています。

古い行動パターンに戻ってしまうのは簡単です。そうならないように、自分のケアをしてください。セルフケアをしやすくなるよう、パートナーや友だち、子育てのクラスで出会った人などと一緒に、みんなで助け合って子育てができる環境をつくってください。意識的な子育ては、ひとりではできません。

そして、何よりも大切なのは、家族の中でお互いを愛して大事にすることです。家族とは、お互いにサポートし合い、励まし合って、自分らしくいるためのエネルギーを蓄えることができる安全な基地です。

子どもは安全な基地で遊び、やすらぎ、外の世界でさまざまなことを成し遂げるエネルギーを充填しているのです。そのような関係を家庭の中で築くことができれば、こんなに素晴らしいことはありません。

パパとママへの手紙

パパ、ママへ

たくさん抱っこして、優しくなでてね。パパとママの愛情で僕は育つのだから。

私を見て、話を聞いて、ゆっくり本を読み聞かせて。自分がどんなに大切な人間か、パパとママが教えてくれるから。

辛抱強く、僕を理解して。できるだけ、僕の望むことをかなえてほしい。パパやママとの関りによって、僕は他の人との関りを学ぶから。

でも、教えるべきところは教えて。きちんと教えてもらえれば、自分以外のことを気にかける勇気を持てるから。

ご褒美や罰はいらない。自分の心の声を聴くチャンスをちょうだい。たたいたり、どなったりはしないでね。自分のやり方を通すためなら、力を使ってもいいのだと勘違いしてしまうから。

パパ、ママ、もし失敗しても、自分を許してね。私の魂は強いから大丈夫だよ。

車の窓ガラスについた足跡や反抗的な態度、壁に空いた穴のことは忘れて。僕が影を発見した日や、パパの首に回された腕や、僕のくすくす笑いを覚えていて。

買ってもらったおもちゃや服のことは忘れてしまっても、ママのキスや私に向けて広げられた腕、そして雨の中を一緒に踊ったりしたことは忘れないよ。

たくさんけんかしちゃった日は、僕の寝顔を眺めてみて。まつげや頬骨や指先を見て、どんなに愛しているか思い出して。

最高な私になれるように期待して、そして私にとって一番いいことが起こるように祈って。

僕が自分の道を歩んでいくのを、自分の力で解決しようとするのを隣で見ていて。その経験が、僕の人格や強さをつくってくれるから。

ころころ変わる私の夢を応援して。私自身が自分を信じられないときでも、パパとママには信じていてほしいから。

思春期になった僕を信頼できなくなっても、それでも信じてほしい。僕にいろいろなことを教えてくれたパパとママ自身のことも。

私が自分自身を表現するのを応援して。そして、私が自分の人生を選び取るのも応援して。それがあなたの望みと違っていたとしても。

家族以上に大事なものは何もないよ。僕が自分を発見できたのは、家族のおかげだから。

付録

18カ月から18歳までの子どもの行動

それぞれの年齢で、子どもによく見られる行動についてまとめてみました。

成長段階に応じた子どもの行動の特徴を理解することで、より忍耐力を持って子どもと向き合うことができるでしょう。

また、自分の子どもが普通に成長しているか、気に病む親も少なからずいます。例えば、2歳児でかみぐせがあったり、人をたたいたりなどの行動に困っている親もいるかもしれません。これらは、幼児にとっては正常な範囲の行動だと知れば、少し安心するでしょう。もちろん正常な範囲だとしても、それに対して何もしないわけではありません。特に幼少期には、子どもに多くのことを教える必要があります。

自分の子どもが、このリストにある年齢で、その行動を取っていないからといって、心配する必要はありません。子どもたちはみんな個性を持っています。できれば自分の子どもの年齢の箇所だけでなく、その前後も合わせて読んでみてください。そうすることで、よりいっそうの理解が深まるでしょう。

〈18カ月〉

・「嫌だ」「ノー！」をよく言う
・親に言われたことの反対をする
・友だちや兄弟とおもちゃなどをシェアしたがらない
・たたく、ける、かむなどをする
・我慢ができず、なんでも今すぐに欲しがる
・親が決めたルールを破る
・好き嫌いをする
・赤ちゃん返りをする
・人見知りをする
・少しの環境の変化にも激しく抵抗する
・オムツを換えたがらない
・指しゃぶりや安心毛布にこだわる
・お風呂を嫌う
・外出時などに、親から離れて遠くに行こうとする
・性器を触る
・同じ月齢の子どもたちと一緒に遊ばず、隣で別々の遊びに没頭する
・ハグやキスなどを嫌がる

〈2歳〉

・決断できない、あるいは気が変わりやすい
・癇癪を起こす（ときにはたたく、けるなどの行動に出る）
・日々のルーチンにこだわる

・どちらかの親により愛着を持つ
・親を下に見るような態度を取る
・指しゃぶりが激しくなる
・「私がやる！」と「ママやってー」の間を行ったり来たりする
・すぐにイライラする
・親がどう思うかをまるで気にしない

〈3歳〉

・すべてが気に入らないという態度を見せる
・「(自分のことを) 見ちゃダメ」「話しかけないで」などと言ったりする
・感情の振れ幅が大きく、気分が変わりやすい

・爪をかんだり、指しゃぶりをしたり、性器を触るなどの行動を取る
・怖がる
・ベビーシッターに対しては聞き分けの良い子でいるのに、親に対してはまるで違う態度を取る
・昼寝をしなくなる
・おもらしをする

〈4歳〉

・おしゃべりになる
・「なぜ？」「どうして？」が止まらない
・排泄に関する言葉を繰り返し言う
・ののしり言葉を覚える
・しつこく要求するようになる

・仲間外れをする

〈5歳〉

・けんかごしになったり、癇癪を起こしたりする
・主導権争いで優位に立ちたがる
・自分の決定権を主張する
・怒りが爆発するとなかなかおさまらない
・しゃべりすぎる
・自分がおかしたミスを認めたがらない
・人のモノを勝手に取る
・自分で着替えができるのに、やりたがらずに「できない」と言ったりする
・爪をかむ、親指をしゃぶるなどのくせ
・火に興味を持つ（実際に火をおこそうとする）

〈6歳〉

・決断ができない
・一番になりたがる
・失敗をいつまでも気にする
・批判を受け入れることが難しい
・声が大きく、要求が高い
・繊細な感情を持っている
・ときには本当のことを言わなかったり、嘘をついたりする
・盗みをする
・お風呂を嫌う
・着替えの際に親とけんかになる
・身体の痛みを訴える

〈7歳〉

・友だちに好かれていないか、不安に思う
・いろいろなことを心配する
・軽い風邪などの病気を大げさに騒ぐ
・親がえこひいきをしていると感じる
・がっかりしやすい
・ひとつのことに時間をかけすぎる
・完璧であらねばと、必死に課題をこなすので精いっぱい
・他の人（兄弟、友だち、教師など）からひどい扱いをされていると訴える
・多くのことを怖がるようになる
・食事の時間に、簡単なことですぐに興味を失ってしまう

〈8歳〉

・何事も素早く行う
・批判をとても気にする
・自信がない
・失敗したときに自分を責める
・困っていることを大げさにとらえる
・他の人の失敗を指摘する
・自分から行動を起こさない
・議論をしたがる
・流行りの洋服を着たがる
・怪我をしやすい

〈9歳〉

・母親の存在を疎ましがる

・自由を欲しがる
・友だちと遊びたがる
・気分が変わりやすい
・いろいろなことを心配する
・自分の世界に没頭し、まわりが見えなくなる
・公平さを求める
・何かが起こったとき、誰のせいでこうなったかなどの追及をしたがる

〈10歳〉

・怒りの発散がときに暴力的になる
・仕返しをしようとする
・堅苦しく考える
・人のプライバシーに立ち入った質問をする
・友だちより背が低いなど、発達具合を気にする
・自分の身体的な変化を気にする

〈11歳〉

・協力したがらない
・すぐに批判する
・他人に完璧であることを期待する
・ルールを破る
・議論したがる
・たたく、ける、モノにあたる、怒鳴る、口答えするなどの言動を取る
・うわさ話をする
・自分は何でも知っているという態度を取る
・十分な睡眠を必要とする

・年の近い兄弟と仲が悪くなる
・宿題をするときにテレビやラジオなどをつけたがる
・感情的になりやすい

〈12歳〉

・友だちと遊びに出かけることがとても重要になる
・誰とも遊べないと退屈する
・自分で着る服を選びたがる
・親と一緒に歩くのを嫌がるようになる

〈13歳〉

・口数が少なくなる
・部屋にこもる
・自分のプライバシーを尊重してほしがる
・人生について悩むようになる
・ふさぎ込むことがある
・自分の身体の特徴を気にする
・以前ほど多くの友人と親しくしない
・先生が公平でないと感じる
・いろいろなことを心配する
・親に秘密を打ち明けない
・親の言動を恥ずかしく感じる

〈14歳〉

・人前では親と一緒にいたがらない
・親の服装や外見に注文をつける
・親の保守的な考え方に反抗する
・学校や教会、政府など、社会のシステム

を批判する

・家族の価値観を否定する

〈15歳〉

・自立した行動を取りたがる

・親に自由を認めてもらえないと腹を立てる

・家族に対して不満を抱えている

・友だちが一番大事になる

・同性の親との関係が悪化する

・親を心配させることをする

・親に対して感情を見せなくなる

〈16歳〜18歳〉

・親から自立した人生を生きたいと思う気持ちと、自分ひとりでやっていけるか不安な気持ちで揺れる

・将来のキャリア選択について不安を感じる

・親との関係が悪化し、どちらにとっても難しい時期になる

訳者あとがき

塚越悦子

2007年、次男を出産する数カ月前に本書をテキストとした子育てコースにサンディエゴで出会い、2008年にインストラクターの資格を取って以来、いつかこの本の日本語版を世に出すことができたらという思いがありました。

その次男は日本語版が刊行されるころには12歳になります。思い立った当初、各方面に企画書を持ち込んだところ、興味を示してくれた出版社がありました。出版の話も進んでいたのですが、途中で頓挫してしまい、この10年ちょっとの間に、その夢は一時お蔵入りになっていました。

その後、2014年から日本で生活を始め、あるイベントでサウザンブックス社の古賀さんとお知り合いになったのをきっかけにして、このたびクラウドファンディングによる翻訳出版に挑戦することになりました。

クラウドファンディング期間の3カ月は、本当にジェットコースターに乗っているような感覚で、達成できるかどうか心配な日々もありました。でも、多くの方のご協力をいただき、残り2週間というタイミングで無事に100%を超えて達成することができたときは、心の底からほっとしたものです。期間中は、いろいろな分野の方にお会いしたり、思わぬところから仲間ができたり、とても嬉しい出来事もたくさんありました。ご支援、ご協力をいただいた皆様には、本当に感謝の気持ちでいっぱいです。改めまして、本当にありがとうございました。

また、本書の翻訳作業を通して、改めて子育ての奥深さやおもしろさを再認識することができました。我が家は男の子が3人いるのですが、上のふたりは10代になり、思春期の真っただ中にいます。また、この夏には5年間暮らした日本から古巣のサンディエゴへの引っ越しもあり、慣れ親しんだところから遠く離れて新しい学校に通うことになるなど、環境の変化によって気持ちが落ち着かないという状況もありました。学校が始まって1カ月ほどが過ぎ、ようやく少しずつ新しい日常に慣れてきたところです。

そんな中で、我が家がずっと続けている習慣のひとつをご紹介します。

本書に出てくる「心でつながる時間」は、原書では"genuine encounter moment"という言葉で紹介されています。スマホなどのデバイスを置いて、子どもと一対一で向き合って心を通わせる時間です。どんなに短くても、1日に一度はこういう時間を持つことが大切ということですが、我が家では、この時間のことを"five minutes"と呼んでいます。就寝前の5分間を子どもたち一人ひとりと過ごす時間です。夫がいるときには夫も（私とは別々に）5分ずつ子どもたちと過ごしていろいろおしゃべりをします。

5分の間に私たちがまず聞くことは「今日一番良かったことは何だった？」という質問です。その日のベストだった体験を話したあとに、“What about you?”と聞いてくる子もいます。この質問をきっかけにして、今日がどんな日だったか、気になっていること、心配なこと、明日楽しみにしていることなどをいろいろ話します。5分という短い時間ながら、この就寝前の時間を毎日のように持つことが、子どもたちにとっても私たち親にとっても心のよりどころになっていると感じています。

他の子の番のときは待たなくてはならないので、ときには“Five minutes, me first!”（今日のファイブミニッツはぼくが一番だよ！）などと言いながら、先を争って寝室に走っていく光景も見られます。就寝時は1日の終わりでみんな疲れているし、けんかが起こりやすい時間でもあります。でも、3人ともが親とのこの時間を大事に思ってくれるのも、もうあとどのくらいかな……と思うと、この時間は私たちにとって、とても貴重で大切な時間になっています。

人間は、一人ひとり違います。子どもも同じです。これはすべての育児書に共通することだと思いますが、どんな子どもにも通用するような、すべてがうまくいく方法はないでしょう。

本書ではさまざまなツールが紹介されていますが、ぜひ「これは」とピンと来たものから試してみてください。そのときうまくいかなくても、子どもの成長段階によって、少しあとになってから威力を発揮するものもあるかもしれません。

本書で繰り返し出てきているように、子育てのゴールが「子どもが自立した大人になること」だとすれば、その成果は相当長い目で見なければわからないでしょう。あるいは「成果」という考え方自体が、そもそも間違っているかもしれません。子どもは親の所有物ではないのですから。

無条件の愛情を持って、子どもが自分で人生を選び取ることをできる限り応援する……。私たち親にできるのはそのくらいかもしれない、と今は考えています。

本書が、その長いようで短い道のりのガイドブックのような存在になり、子どもたちがあっという間に手を離れたときに、大変なこともあったけど、この時間を持てて本当に良かったと振り返る手助けになればと願っています。

【著者紹介】

キャサリン・J・ボルス（Kathryn J. Kvols）

インターナショナル・ネットワーク・フォー・チルドレン&ファミリー創始者。モンテッソーリ教育を推進するモンテッソーリ財団理事。「Redirecting Children's Behavior（RCB）」著者。心理学とソーシャル・ワークの学位を持つ。ペアレント・エデュケーターとして、アドラー心理学に基づいた、自己肯定感を高めて責任感を持たせる子育ての理論と実践をRCBコースやワークショップを通じて広めてきた。離婚・再婚を通して、パートナーと合わせて５人の子どもを育てる。ひとり親として、また再婚によって家族になるステップファミリーでの子育てを経験し、現代のアメリカにおける多様な形の家族に、自らの経験で培われた知見を提供し続けている。

【訳者紹介】

塚越悦子（つかごし・えつこ）

カップル&ファミリー専門コーチ。東京大学文学部ドイツ語ドイツ文学科卒業。モントレー国際大学大学院で行政学修士を取得後、国連勤務やJICAコンサルタントを経て、2002年にアメリカ人の夫との結婚のため渡米。国際協力から始まったキャリアを生かし、移住先のサンディエゴで日本語補習授業学校の事務局長として勤務し、バイリンガル教育に関わる。12年のアメリカ生活で、夫婦関係や子育てに悩む人が多いことを痛感し、自らの経験も踏まえ、あとに続く人の役に立ちたいとの思いからライフコーチの資格を取得。また、子どもが生まれたことをきっかけに受けたRedirecting Children's Behavior（RCB）子育てコミュニケーションコースに感銘を受け、インストラクターの資格を取得、サンディエゴでセミナーを行ってきた。2014年に一家で日本に移住し、夫婦関係をメインのテーマにしたコーチングや執筆活動を行っている。著書『国際結婚一年生』（主婦の友社）、翻訳書『異性の心を上手に透視する方法』（プレジデント社）がある。2019年夏から再びサンディエゴに移住、３人の男の子を育てている。

アドラー流子育てベーシックブック

2020年1月29日　第1版第1刷発行

著者　キャサリン・J・ボルス
訳者　塚越悦子

発行人　古賀一孝
発行所　株式会社サウザンブックス社
〒151-0053　東京都渋谷区代々木2丁目 23-1
http://thousandsofbooks.jp

装丁　渡邊民人（TYPEFACE）
本文デザイン・図版　谷関笑子（TYPEFACE）
編集　森 秀治
印刷・製本　シナノ印刷株式会社

Special Thanks
白鳥公彦、株式会社ファミリー・サポート創設者 中舘慈子、Thung Family、
井原くみ子、一般社団法人笑い文字普及協会

ISBN978-4-909125-15-6